你就是孩子最好的玩具

品墨 编著

中国商业出版社

图书在版编目(CIP)数据

你就是孩子最好的玩具 / 品墨编著. -- 北京 : 中国商业出版社, 2021.1(2021.12 重印)

ISBN 978 - 7 - 5208 - 1413 - 3

Ⅰ. ①你… Ⅱ. ①品… Ⅲ. ①家庭教育 Ⅳ. ①G78

中国版本图书馆 CIP 数据核字(2020)第 236519 号

责任编辑：石胜利

中国商业出版社出版发行

010 - 63180647　www.c-cbook.com

（100053　北京广安门内报国寺 1 号）

新华书店经销

三河市众誉天成印务有限公司

* * * * *

880 毫米×1230 毫米　32 开　6 印张　136 千字

2021 年 1 月第 1 版　2021 年 12 月第 3 次印刷

定价：36.00 元

* * * * *

前言

孩子的成长离不开玩具，家长都会给孩子买各种各样的玩具，从积木、拼图到高级的电子产品，应有尽有。但很多家长却把陪伴孩子的任务完全交给了玩具，认为孩子有玩具就够了。其实，父母才应该是孩子最好的玩具，从小就陪伴着孩子，给他爱和慰藉，让孩子在父母情感的陪伴下建立足够的安全感和归属感。

建筑师要想修建一所结实的房屋，需要有又稳又深的地基。人的生命要想健康长久地成长，也需要有稳固的地基。孩子出生后，地基便开始“建筑”，在这里，生命的地基便是人的安全感和归属感。

安全感是生命的地基，即心理健康的基础，孩子在满足了安全感的基础上，才能带着稳定的心理去探索未知的广阔世界，追求更高一层的需要，带着自信心去和小伙伴打交道，融入学校生活里，在小伙伴和学校里体会到自己的价值。相反，如果孩子有过度的不安全感，将会引发孩子的心理问题和疾病。

所谓归属感，是指孩子觉得自己属于爸爸妈妈组建的家庭中的一员，属于学校班集体里的一员，属于伙伴们中的一员。在这一个个集体中，自己被集体中的其他成员接受、认可，在集体中是有价值的，是必须存在的，不是可有可无的，能和集体有共同的感受。当孩子觉得自己被加入的群体接受时，会感到一种安全感和踏实感。

在孩子的安全感形成过程中，归属感是孩子最早的安全感。归属感和安全感从来都是相伴左右、有着密切的关系的。父母在孩子小的时候，给了孩子充足的归属感，孩子能够体会到父母的爱和家的温暖。孩子会对世界感觉到安全，认为这个世界是安全的、可靠的、善良的，并在此过程中建立对世界和对自己的基本信任。因此，父母要给予孩子充分的归属感，让孩子感受到安全，并在安全的环境下健康成长起来。

2020 年 8 月

目录
contents

第一章

用爱陪伴，

爱是孩子不可或缺的情感

缺少归属感，孩子更叛逆

一位幼儿园老师曾经在报告中提到过班里一些小孩子的特别表现：

班上有个叫九斤的幼儿，他刚刚从别的幼儿园转来时，是让老师一个头两个大的“小捣蛋”，做活动的时候不仅不听老师的指令，还四处欺负班上的小朋友。老师一旦教训九斤，他便和老师对着干，唱对台戏。在班上时，经常和小朋友发生冲突。

班上还有一个小女孩叫薇薇，妈妈把她送来幼儿园时，显得很怕生，十分抗拒幼儿园的新环境，不跟旁边的小朋友玩，也不听老师的话，将近一个月后才开始和邻桌的小朋友说话和玩耍。

这些孩子的特别表现在幼儿园里比比皆是，孩子总是不愿意去上幼儿园，家长为了哄孩子上幼儿园被弄得焦头烂额，好不容易软硬兼施、软磨硬泡地把孩子送去，孩子却在幼儿园里不合群，家长们为此伤透了脑筋。孩子不合群有很多因素，最重要的是因为孩子没有产生对幼儿园的归属感，不愿意离开爸爸妈妈。于是，孩子为了摆脱幼儿园，轻则像薇薇那样拒绝接受幼儿园和幼儿园里的事物，被动防御，重则做出像九斤这样过激的行为。由于缺少对幼儿园的归属感，孩子行为变得更叛逆。对于孩子来说，缺乏归属感的表现有不适应集体生活、不喜欢与同伴交往、不愿意在老师及同伴面前表达自己的想法等。

孩子归属感的培养是孩子社会性发展的重要方面，归属感对孩子将来形成积极的社会交往和在这种交往中掌握到的与人交往的能力有着重要影响。孩子归属感的养成有利于帮孩子在集体生活中形成安全感、信赖感，从而促进孩子身心健康发展。

美国密歇根大学研究人员的一项最新研究显示，缺乏归属感可能会增加一个人患抑郁症的危险。一个在集体中没有归属感的儿童，往往会形成压抑、不安、自卑等不良情绪，而一个具有归属感的儿童则能愉快、自信地与人交往。培养儿童的归属感很有必要。

其实，归属感不只是对生活环境的简单认同，而是对环境中的物质环境、心理环境及文化氛围的综合性的确认。不只是在幼儿园，在家里有的孩子也会因为各种原因而缺乏归属感。

随着芬奇的渐渐长大，芬奇妈妈发现孩子越来越叛逆了，芬奇妈妈回忆孩子自上小学五年级后，便对自己很不耐烦，有时候总是和自己顶嘴。尤其是当芬奇妈妈问他学习方面的事情时，他就特别厌烦反感，老是跟父母顶嘴。为了缓解孩子和自己的矛盾，芬奇妈妈提议全家一起出去郊游，借此增进感情。爸爸知道芬奇喜欢吃草莓，还专门安排了全家一起去果园采摘草莓的活动。

但是芬奇对此一点兴趣都没有，当得知就一家三口单独去时，还嘟囔："我不去，和你们去没意思。"

我们通常把这类现象称为"家庭剥离感的初步形成"或"归属感的初步丧失"。

经过了解，芬奇的这种表现主要是因学前不合理的"分享"培育，也就是说，妈妈总是鼓励芬奇把自己的玩具和小食品带给幼儿园的小朋友们，芬奇不愿意，妈妈就耐心说服，有时还不高兴甚至生气。这种"分享"往往会使芬奇混淆"学习类物品"和"玩具食品"，从而在和妈妈的日常沟通中出现"理解误差"，芬奇也就越来越无法和妈妈沟通。那么，归属感也就开始逐步丧失，就自然形成了上述这些生活中的逆反现象。

要想修复这种状况，就要合理搭建母子沟通平台，母子能够顺畅和解，借以有效提升孩子的家庭"归属感"，清除孩子已经出现的家庭"剥离感"，也就自然避免了使妈妈头痛的所谓"逆反"了。当孩子拥有了健康良好的家庭"归属感"后，妈妈再和孩子围绕"学习主题"进行沟通，孩子才会在妈妈的引导下主动而快乐地开始学习。

每个人都有觉得自己强烈归属于某个地方、某个群体的需求，孩子也不例外。也许孩子会对自己的这一潜在需求不自知，不会向家长表达自己的需求，但是父母作为成人可以用自己的切身感受来设身处地地为孩子设想他的需求。而往往这些需求正是家长们易忽略的地方。

中国有句古话是“黄金棍下出人才”，多少年来，这句话一直作为父母教育孩子的传统法宝。然而父母要做到的是用心去了解孩子的心理，打孩子可能出现的最大弊端便是孩子归属感的缺失或转移。妈妈对孩子打骂的次数太频繁，打骂的程度太严重，孩子会渐渐排斥妈妈，认为自己的归属感不在妈妈这里，从而把归属感转移到其他地方去。成人的心理核心是安全感，而孩子的心理核心是归属感，孩子所必需的吃饭穿衣他自己解决不了，所以他（她）必须有归属感，孩子的归属感在谁那儿，他就愿意听谁的话。孩子不听话，正是归属感缺失的迹象。

孩子出生后最初的需求只限于父母带给他的爱，然而随着孩子一天天长大，开始接触到除父母以外的朋友、群体和机构，开始有自我意识。这时候，孩子通过归属于某个群体，学会与他人和睦相处，在群体活动和与他人的交往中形成对自我的认识。孩子一旦归属于某个群体，便意味着这个群体也需要他、接受他，这会为孩子判断自己是一个什么样的人以及该如何行动。如果孩子在长大成人的过程中，觉得自己既不归属于家庭，也不归属于学校，觉得自己被人嫌弃（比如因为遭到他人不留情面的批评），他就可能到别的什么地方寻求接纳并获得归属感。为了让孩子顺利找到归属感，家长们得采取一些施爱小技巧。

培养孩子的归属感，首先要培养他对自己家庭的认同感。第一，家长要试着寻找机会多跟孩子交流，主动分享孩子感兴趣的事情，让孩子对家长产生认同心理。你会发现，在某个瞬间，孩子突然对你敞开心扉。第二，偶尔给孩子讲讲自己家族的故事，让孩子了解自己与家长的渊源，对自己的家庭产生兴趣。凡是举行家族活动时，尽可能让孩子参加，不要因为孩子小不懂事，给大人添乱，放弃了让孩子融入家庭里来的宝贵机会。

其次，学校是孩子成长的重要场所，培养孩子对学校的认同感非常有必要。第一，家长可以多支持孩子参加学校组织的一些社团大型活动，例如义卖会、音乐会等，让孩子在学校中找到归属感。第二，平时多留意孩子的言行，当发现孩子有太多的独处时间时，建议让孩子加入一些社交俱乐部，或者某个兴趣团体，避免孩子出现“孤独”的征兆。第三，老师对学生要做到尊重，让每个孩子都觉得自己是班里平等的一员，每个孩子都有机会参与班级事务。

最后，孩子最终要走向社会，培养孩子亲近社会的态度显得十分重要。父母应帮助孩子弄清，时尚和服装何以会成为人们归属感的标志，给孩子以经济上的帮助，让他“融入其中”，不能一直打压孩子的跟风的追求，因为这恰好是孩子寻求归属感的表现。

缺爱的孩子易患“心理性矮小症”

在日常生活中，人们常常能够见到一些孩子的身体和他们的年龄相比，显得过于矮小，生长发育情况不正常。以前人们认为，这是生理和遗传上的原因造成的。不过，心理学家发现，自小缺乏父母关爱的孩子，也会出现这种问题。因缺乏父母的爱抚而令精神上受到压抑，继而导致机能发育出现障碍，是导致这一类孩子身体矮小的主要原因，医学上将这种病症称为“心理性矮小症”或“精神矮小症”。

心理性矮小症是指孩子缺乏父母的爱抚，精神上受到压抑，致使生长发育产生了障碍而出现的矮小症。美国著名精神病学家霍芬博士指出：孩子长期生活在精神压抑、无人关心或经常挨打受骂的家庭环境中，就会引起体内的神经——体液内分泌功能紊乱，致使生长激素、甲状腺素等有助于长高的激素分泌减少，从而导致孩子生长发育障碍，个子矮小。

家庭是孩子从出生后很长一段时间里主要生活的地方，家庭的气氛会直接影响孩子的身心健康。在和睦温馨的家庭中无忧无虑、井然有序的生活，可以令孩子倍感温暖和幸福，这自然有益于孩子的身心发育和成长。但是，如果夫妻经常吵嘴打架，总是处于紧张的气氛中，甚至把孩子当“出气筒”，在这种家庭环境下长大的孩子就会倍感痛苦压抑，活泼的天性被扼杀，身心健康受到严重影响。

研究发现，心理性矮小症与特殊的社会环境——离婚率高有着密切的关系。此外，留守儿童（常年不在父母身边）或由祖父母带大的孩子，也容易出现这样的情况。

在第二次世界大战中，西班牙、朝鲜、越南、德国等国失去双亲的孤儿，平均身高要比同龄其他儿童矮近10厘米。科学家们曾为此做过试验，他们将一批受到精神压抑而矮小的孩子，安置到和睦欢乐的环境中，让他们受到与正常家庭儿童类似的爱抚和温暖，3个月后，约有95％的孩子发育情况很快发生变化，生长停滞现象得以消除，身高得到明显的增长，接近其他同龄儿童身高增长的水平。

父母的关爱是最好的“增高剂”，而爱则是孩子成长最好的推动力，以积极的态度表达对孩子的爱抚，创造条件让孩子多接触同龄儿童，帮助他交朋友，鼓励孩子多参与集体活动，给他创造一个温馨和谐的家庭环境，让孩子每天都能获得安全的感觉和快乐的心情，这是预防孩子出现“心理性矮小症”的最根本的办法。

母爱是孩子心理的“安全岛”

母子关系主要影响孩子的情绪和情感表达方式。有关研究发现，成年人很多种心理疾病和障碍，都与童年时期缺乏爱，特别是缺乏来自妈妈的爱有关。

孩子在1岁以前，如果得不到来自妈妈的足够的爱，就有可能会造成性格方面的缺陷，甚至形成人格或行为障碍。心理学家认为，妈妈与孩子的关系是依赖性的，这种依赖性是除了妈妈以外任何家人都无法给予和替代的。这是因为，孩子需要妈妈的抚养，不仅是生理上的需要，也需要妈妈的爱；而来自妈妈的爱可以让孩子形成充分的安全感。这种安全感，对今后孩子自我认知的发展以及自信、自尊等心理素质的发展，都有着至关重要的作用。

美国心理学家艾恩斯沃斯曾经做过一项“陌生情景”法的实验：他通过观察婴儿与母亲短暂分离、处在陌生情景中的反应和行为表现，来测定母婴依恋的模式，判断孩子是否具有安全感。

实验发现：妈妈离开时没有反应，回来时也不拥抱孩子，那么孩子对妈妈是回避的态度，这样的孩子安全感较弱。而那种妈妈在场时很主动地探索周围，妈妈离开时哭闹一下，但很快就能自主玩耍，妈妈回来拥抱亲吻以后，能很快平静下来接着玩的孩子，才是拥有健康亲子关系，也很有安全感的孩子。

母爱是孩子心理的“安全岛”，是孩子培养快乐的基地。刚刚出生的婴儿被妈妈抱在怀里时，一双小眼睛总是跳动着欢快的火花望着妈妈，显得那么舒服，那么自在。小孩子在妈妈身边可以无忧无虑地跑跳，遇到陌生人时就会紧紧地抱住妈妈，或是悄悄躲在妈妈的身后……这一切都说明，只有母爱，才能使孩子感到安全，才能让孩子毫无顾虑地去探索、发展，才能让孩子健康地成长。

琪琪从一出生，就得到了爸爸妈妈无尽的关怀和爱护。琪琪的妈妈毫不吝啬地对女儿表达自己对她的爱意，告诉女儿妈妈爱她。两三岁的时候，琪琪似乎比同龄的孩子好奇心更强，更勇于探索，她可以坦然地摆弄家里的每一件物品，放心地和小朋友捡树叶，蹲在蚂蚁洞旁边看蚂蚁，胆子比年龄相仿的女孩大很多，而且特别自信，在幼儿园里可以完全自理，不需要老师过多照顾她，有时还能帮老师的忙一起照顾安慰其他小朋友。琪琪的妈妈觉得，女儿之所以如此“胆大心细”，正是因为在她小小的心里肯定了这样一件事——无论何种情况下，她都不会失去爸爸妈妈的爱，所以她是安全的。

爱孩子是每一个妈妈的本能反应。但是，有爱不代表就能让孩子感到快乐，不代表孩子就能感受到生活的幸福。妈妈的爱，只有让孩子感受到，才能让孩子感到安全，感到幸福。就像教育家马卡连柯所说的那样：“没有父母的爱所培养出来的人，往往是有缺陷的人。因此，社会要使它的每一个成员，都得到真正的父母之爱。”

作为孩子的妈妈，应该尽可能多地抽出时间和孩子在一起。每个孩子都需要从妈妈那里得到足够的重视。在每天工作之余，妈妈要尽量腾出一些时间参加孩子的游戏，和孩子一起读书，为孩子提供接触外界的机会，学会倾听孩子的心声，和孩子一同成长。

给予宽严适当的父爱

父亲是家庭的保护伞，也是孩子走向社会的引路人，父亲的示范和启示，能够帮助孩子树立远大的志向，拥有一个完整坚固的精神世界。孩子将来在社会生活中需要的知识、沟通技巧都受到父亲的影响，而且这种影响力是持久的、牢固的。因此，爸爸们在孩子成长过程中所扮演的角色不是妈妈的辅助者，而是切切实实的教育者。

可能有些爸爸会为此感到困惑：到底应当给孩子怎样的父爱？有些爸爸认为，妈妈所扮演的是温柔如水的角色，那么爸爸就应当摆出一副“严师”的姿态，我们常挂在嘴边的“严父慈母”更是体现了这一点。但是实际上，总摆出一副威严姿态并非最好的表现父爱的方式，如果爸爸总是动不动就对孩子大吼大叫，责令孩子做这做那，对孩子的行为指指点点，就会令孩子对父亲“敬而远之”。而且还会给孩子的心理带来阴影。

周云是个腼腆内向的女孩，尽管已经工作两年多了，可她一直非常害怕见到经理。每次一见到经理，她都特别紧张。经理向她布置日常工作时，她会显得手忙脚乱，语无伦次，眼睛不敢看经理，总担心又要挨批评。久而久之，这种恐惧的心理已经严重影响到了她的日常工作。无助的周云只好向心理医生求助。

周云对医生说，她从小是个害羞胆小的女孩，爸爸是个正统的军人，平时对她十分严厉，不苟言笑，几乎不允许她犯任何错误。每当她不听话时，妈妈总是拿“爸爸回来了”来吓唬她，弄得她整天提心吊胆。从而在心中对爸爸产生了持久的恐惧。

最后，经过心理医生诊断，周云是患上了“权威恐惧症”。

“权威恐惧症”属于恐惧症中“恐人症”的一种最轻的类型，它的对象相当固定，往往是具有管理权和批评权的人。从精神学理论分析，在一般家庭中，父亲可以说是权力的象征，但如果父亲过度地、不恰当地使用了权力后，就会对孩子产生一种权力压力感，使子女对父亲的权力产生恐惧，这种恐惧感被压抑到潜意识领域，就会导致日后产生“权威恐惧症”。

父亲是成人社会的典范，在孩子的眼里也代表着无穷的力量与强大的依靠。父亲角色的过度严厉、苛求甚至打骂，或多或少会使孩子养成自卑、胆怯、逃避等不健康的个性及心理，或导致反抗、说谎等异常行为，而过于宽松的爱则会令孩子无法感受到父爱特有的力量，也无法发挥出父爱特有的作用。

所以，父亲给孩子的爱要掌握好“度”，太宽会使孩子失去约束，不易管教；太严则会使孩子无所适从、精神紧张，时间长了容易产生逆反心理。只有宽严适当的爱，才是给予孩子的最优质的爱。其实，只要在生活中多关注孩子，多与孩子交流，善于发现孩子的优点和长处，适当肯定孩子的行为，尊重他们的意见和选择，在孩子的看法或行为出现问题时严肃且心平气和地说服教育，孩子就能感受到来自父亲的爱，就能接受到来自父亲的最正当最有效的教育。

爱他，就要说出来

李楠出身于一个知识分子家庭，父母为人都比较严肃，不太习惯热情地表达情绪，连关怀子女都显得含蓄。在这样的家庭中，李楠自然也养成了一样的性格，在表达感情的时候有点过分羞涩，那个“爱”字在嘴里像有千斤重，压住了舌头，怎么也说不出来。

丈夫知道李楠的性格，倒也不强求李楠说什么甜言蜜语，于是李楠也不觉得自己这么内向有什么不好。

有天儿子回家后一直阴着脸，突然问：“妈妈，我是不是你亲生的？”

李楠吓了一跳：“当然是，你怎么突然问这个？”

原来今天上课的时候说起母爱，大家都炫耀着妈妈对自己的宠爱，这个说我是妈妈的心肝，那个说我是妈妈的宝贝，反正别人家似乎都是“爱”呀“疼”呀不离嘴，为什么自己从没听到妈妈这样对自己表达呢？

儿子越想越觉得不对，加上受影视剧中相关情节的影响，竟然得出一个惊人的结论：我可能不是妈妈亲生的！

李楠宽慰了孩子一番，总算打消了儿子的顾虑，可是面对儿子渴望自己说些“肉麻话”的诉求，李楠还是感到万分为难。难为情了半天，李楠细声细气地说了句“你是妈妈的儿子，妈妈很喜欢你，关心你”后，红着脸假装镇定地走开了。

李楠也觉得自己应该更热情点，可是要她说什么“爱”呀“心疼”啊，喊“宝贝心肝”啊，就是觉得别扭，甚至写在纸上都觉得难以下笔。

这天李楠看书，里面记载着作家三毛的爸爸用英文给她写信，信纸上写着“我爱你”“爱你的父亲”之类的字眼就很流畅，用中文则不会用这么浓烈的字眼，不由心中一动。

经过尝试后，李楠发现将那些自己用中文怎么都觉得别扭的语句换了英文之后，果然顺溜了许多，几乎是毫不犹豫地写下了“dear son”“I love you”。

发现了这个秘密，李楠每天都给儿子写上一张小卡片，让他感受自己的爱意。慢慢地，她习惯了表述自己的感情，开始试着用中文写“我亲爱的儿子”之类的语言。李楠相信不久的将来，自己应该可以毫无障碍地对儿子说：“儿子，妈妈真的好爱你。”

比起西方的家庭关系，我们习惯于含蓄地表达自己的感情，更喜欢默默地做而不是大声地说。对于成年人来说，这样的表达方式自然问题不大，彼此能够根据对方种种作为来判断对方的心意，但是对于理解能力和观察能力都相对较低的孩子来说，这种含蓄的表达方式可能会造成如李楠儿子那样的误会，认为父母不爱自己，甚至怀疑自己是否是亲生的。

“你会对孩子说‘我爱你’吗？”某网站对此话题曾做过一项调查，调查结果显示：有 75%的父母在孩子处于婴儿懵懂的时期表达过，大部分父母在孩子 3 岁上幼儿园以后就很少直接地表达对孩子的爱了，相应地，孩子更少向父母表达感情。鉴于家庭表白爱的气氛严重缺失的现状，某亲子网举行了一场亲子活动，20 多个家庭参加了此次活动，其中的“真情告白”环节引发了全场高潮。当音乐响起时，父母向孩子读了事先准备好的真心话：“孩子，你真听话，真有出息。”“孩子，你是我们的宝贝，爸爸妈妈永远爱你！”……也许是受到父母热情的感染，天真无邪的孩子们也用稚嫩的声音回应道：“爸爸妈妈，我爱您们！”顿时，温馨的气氛感染了所有在场的人，不少人热泪盈眶，感动得说不出话来。活动中，亲子之间互相传达爱的信息，拉近了彼此的感情。父母们怎么也没有想到，轻轻地一声“我爱你”，竟会产生如此神奇的效果。

向孩子表达爱有很多好处。向孩子表达爱，可以消除孩子生活中的消极情绪，特别是孩子的焦虑。有的孩子学习成绩不佳，他们闷闷不乐的主要原因是担心与父母的关系变差。瑞士心理学家维雷娜·卡斯特说，孩子最强烈的焦虑来自最高价值被最重要的亲人所否认。最高价值是什么呢？就是爱与被爱。如果父母让孩子认为，他成绩不好就再也不配得到父母的爱，也没资格去爱父母，那么孩子一定会陷入极大的焦虑中，这是至关重要的一点。孩子无论看起来多么在乎朋友和老师的评价，他们最在乎的仍是父母的认可。父母如果经常对孩子说“无论你怎么样，我们都一如既往地爱你，认可你”，那么孩子的焦虑就会得到很大程度的缓解。

在适当的时机向孩子直接表达自己的爱意，可以增强孩子的自信心和自尊感。在孩子的成长过程中，父母就像一面镜子，不断地反射出孩子的一切。当听到那些鼓励、赞许以及充满爱意的话时，孩子会觉得自己得到了认可，他会感到骄傲，由此，自信心也会增长。而那些长期得不到肯定的孩子，则会变得胆小、没主见，长大后习惯被他人安排做事情，缺乏创造性。

生活中，父母一句充满爱意的话往往会让孩子感到极大满足。当孩子做了一件让父母高兴的事时，父母要及时说：“孩子，你真棒，我们爱你。”当孩子遇到挫折时，父母要说：“不要怕，我们爱你，我们都希望你能坚持下去。”当孩子犯错时，父母要说：“你做的事情我们虽然不同意，但我们爱你，并希望你改正错误。”孩子是很敏感的，很在乎父母对自己说的话，一句真真切切的话能抚慰他们的心灵，尤其对于懂事的孩子来说，父母爱的表达可以消除彼此之间的隔阂，令亲子关系更进一步。

妈妈要读懂孩子的心

伟伟是一个活泼可爱的小男孩，今年6岁了。他是这个家里唯一的孩子，父母视其为掌上明珠。由于家庭条件比较优越，伟伟要什么，爸妈就给买什么，想去哪儿玩，就带他去哪儿。他的父母认为这样就可以让儿子过得更快乐。但是，伟伟仍然有很多不满意的地方，经常冲着父母发脾气。

伟伟的父母不知道伟伟到底是怎么了，什么都不缺，儿子还是这么不快乐。

有一天，伟伟突然吵着要去学钢琴，伟伟的妈妈一听，马上为儿子买了一架钢琴，并且还专门为他请了一位家庭教师。可没想到的是，伟伟只有三分钟的热度，学了两天就说学够了。后来，伟伟又要学画画，要报幼儿园的美术班。伟伟的妈妈很支持，儿子既然有这方面的兴趣，当然要正规地学！为此，她特意高价请来美术学院的资深老师单独给伟伟授课。可是，像学钢琴一样，只学了三天，伟伟又不学了。对于伟伟的这种情况，他的父母很恼火，于是就责备了他两句，没想到，他就又吵又闹地哭个没完。

后来，伟伟父母的一个朋友来家做客，问伟伟为什么想学钢琴和绘画，但学了两天却又不学了，伟伟这才说出了原因：钢琴班和绘画班里有许多小朋友，我想，有那么多的小朋友在一起玩，肯定会很开心的。

孩子的心声让人感到心酸。在他的父母和其他人看来，他似乎得到了一切想要的东西。可是，他并不快乐。

孩子需要父母的关爱，这种爱不仅仅是给孩子丰富的物质生活，还要求父母进入孩子的内心世界去了解他们，让孩子接受父母。而父母要想被孩子接受，就要倾听孩子的心声，了解他们的内心世界。伟伟的父母就是不了解孩子，没有读懂孩子的心，也不知道孩子真正需要什么，虽然给伟伟提供了最好的物质条件，但伟伟仍然不快乐。

著名教育家陶行知说过：“我们必须要变成小孩子，才配做小孩子的先生。”他还说：“你不可轻视小孩子的情感，他给你一块糖吃，是有汽车大王捐助一万万元的慷慨；他做了一个纸鸢飞不上去，是有齐柏林飞船造不成功一样的踌躇；他失手打破了一个泥娃娃，是有一个寡妇死了独生子那么的悲哀；他没有打着他所讨厌的人，便好像是罗斯福讨不着机会带兵去打德国一般的怄气；他想你抱他一会儿，而你偏去抱了别的孩子，好比是一个爱人被夺去一般的伤心。”在此，陶行知所提倡的，即是父母要走进孩子的内心世界，读懂孩子的心。

父母应该如何走进孩子的内心世界，读懂孩子的心呢？

第一，交流思想。亲子间加强思想上的交流，不仅可以让父母了解孩子的真实想法与真正动机，也可使孩子体谅父母的疾苦，从而逐步学会为父母分忧解难，学会承担一部分家庭责任。

第二，学会观察。俗话说：眼睛是心灵的窗户，言为心声。孩子的语态、动作或多或少都可以反映孩子一定的思想；同时，孩子的课本、作业本、听课笔记本上的涂涂画画也是他们心灵的独白，父母可以从中了解不少信息。更重要的是，父母应该有意识地观察孩子经常交往的朋友。

第三，不摆架子。成功的父母往往是因为他们懂得理解孩子内心的真实需要，他们懂得如何尊重孩子，懂得倾听孩子说话的重要意义。父母对孩子说话时应该有正向的目的，例如提供知识信息、解决疑难、分享情感、表达自己的意见等。对话时，一定要注意语气与态度，尽可能经常微笑，以欢愉平和的声音，显示出友善可亲的态度，以达到沟通的效果。父母如果能表现友善，不以强者的权威压制孩子，往往会得到孩子相对的友善。

当前，很多父母都发出如此感叹：孩子越大，却越不懂孩子了。这也难怪，孩子小的时候，父母处处以一个长者的身份教导着孩子的一言一行，并不曾真正体会孩子的感受。当孩子渐渐长大，父母和孩子只能是越走越远，从而难以把正确的思想和经验传递给孩子，导致教育的失败。但如果父母从一开始就能做到和孩子一起成长，那么，父母会发现，在孩子慢慢读懂这个世界的同时，自己也慢慢读懂了孩子，走进了孩子的心灵世界。

对待孩子的态度要避免情绪化

妈妈下班回到家，菲菲马上跑来腻在妈妈身边：“妈妈，我都饿了，你怎么才回来呀。”妈妈搂着菲菲，“心肝”“宝贝儿”地叫着，亲昵地问中午“小饭桌”都吃了什么、在学校注意喝水了没有、有没有和同学吵架、上体育课磕着碰着没有、回来饿了有没有自己找点东西吃，还时不时在女儿的脸上亲一下。

虽然，菲菲已经是个11岁的大姑娘了，可还是和小时候一样，就爱跟妈妈腻歪，什么事情都要靠妈妈提醒她、督促她。妈妈呢，觉得反正就这么一个女儿，怎么疼爱也不过分。

亲热够了，妈妈想起了前两天的阶段测验，就问菲菲成绩下来没有，考得怎么样。菲菲说：“下来了。语文95，数学90，英语92。”妈妈听到这个成绩，再看看菲菲无所谓的样子，笑脸就变成了长脸：“考成这样，你还乐呀？你都五年级了，明年就要考中学了，怎么自己就没有一点儿着急的意思！”菲菲一脸无辜的表情：“怎么了，我都考了90分以上，我们班还有不到80分的呢。”妈妈坐正了身子，换了一副严肃的样子，对菲菲说：“你怎么就知道往下比呀！你这个孩子也真是，年级低的时候，我们也不要求你非得考第几名，成绩差不多就得了。可你都上五年级了，也该明白认真学习的道理和重要性了。可你看看你现在这样，一点儿也不像这么大的孩子，不懂得自己着急用功读书，不知道自己管好自己的东西，也不会自己照顾自己，什么事情都得让妈妈操心。”妈妈越说越着急，平日里没有觉得是什么问题的事情，现在全都想起来了，一件一件的都成了菲菲的毛病。

菲菲似乎一点没觉得怎么样，身子扭一扭，还想往妈妈身上靠：“妈妈，干吗对我这么厉害……”妈妈一把拉住菲菲，没有给她撒娇耍赖的余地：“别黏糊我，我跟你说正经的呢！”菲菲的小脸一下变了表情，很委屈地望着妈妈。

有些父母会根据自己的情绪，对某件事情的看法和对其重要性的认识，而在对待孩子的态度、管教的方式和对孩子的要求上忽冷忽热、忽高忽低，非常随意和情绪化，根本没有考虑这样做会对孩子的情绪、心态产生什么样的影响。

菲菲的妈妈就是这样，她在生活上过度地娇惯、纵容孩子，把孩子当作小不点儿来照管，对孩子永远是笑脸、是依从、是呵护，唯恐孩子有什么闪失，使孩子没有独立的意识和责任感。但当遇到学习问题时，妈妈却要求孩子达到甚至超过她年龄应该有的认识，自主、自觉、努力取得好的成绩。妈妈态度和行为上的矛盾，使孩子的生理年龄与她的心理成熟程度、承受能力出现错位，对孩子的生长是不利的。

父母在教养方式和态度上的随意、情绪化，会使孩子无所适从、诚惶诚恐，不知道自己什么时候是父母的“心肝宝贝”，什么时候又会被父母训斥、指责，处于茫然、紧张、无助中，使孩子的心理健康受到影响。

父母管教孩子的方式、关注的重心，应该根据孩子年龄的变化、心理成熟程度的变化而变化，让孩子适时地养成良好的习惯、具备生活的能力、建立应有的独立意识和责任感。这样孩子的生理年龄和心理年龄才可以同步成长。

父母要以尊重、平等的态度对待孩子，掌握正确的方法和尺度，保持稳定的情绪和心态。既不要以为生活中的很多小事对孩子无关紧要而忽视，也不要把重心只放到学习上而过分扩大孩子的问题，这样，孩子也就可以建立起对待学习和生活的正确态度，以平和稳定的心态，承担起他这个年龄能够承担的责任。

◇ 用爱陪伴 ◇

孩子在幼儿园里不合群，是因为孩子没有产生对幼儿园的归属感，导致不适应集体生活，不爱和小朋友交往。

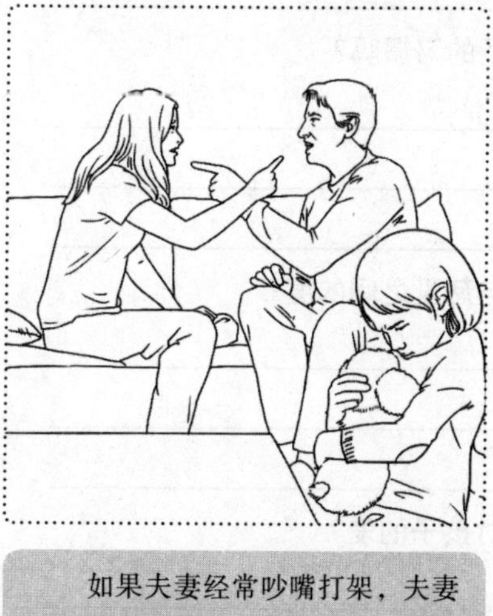

如果夫妻经常吵嘴打架，夫妻关系总是处于紧张的气氛中，甚至把孩子当“出气筒”，在这种家庭环境下长大的孩子就会倍感痛苦压抑，活泼的天性被扼杀，身心健康受到严重影响。

每天工作之余，父母要尽量抽出一些时间参加孩子的游戏，和孩子一起读书，为孩子提供接触外界的机会，学会倾听孩子的心声，和孩子一同成长。

好父母日常家教演练

1. 你会与孩子主动交流自己家族的历史吗？你会积极让孩子参与家族的活动吗？

2. 在孩子三岁之前，你平均每天能陪伴孩子多长时间？

3. 作为母亲，你有拥抱、爱抚孩子的习惯吗？

4. 作为父亲，你如何把握好管教与慈爱之间的度？

5. 在日常生活中，你会如何表达对孩子的爱？

第二章

情感引导，
父母要和孩子做朋友

学会站在孩子的角度看问题

王丽萍的女儿小艳放学回家后，抱怨老师当着全班同学的面向她大声斥责。王丽萍听后双手叉腰，用质问的口气说：“你干什么坏事了？”小艳瞪起眼，很生气地说：“我什么也没干。”“不会吧！老师不会无缘无故地斥责学生。”小艳重重地坐在椅子上，一副不开心的样子盯着妈妈。

王丽萍继续责问：“那么你打算怎样解决这个问题呢？”小艳很倔强地说：“什么也不做。”如果再这样问下去，母女之间一定会对立起来，什么问题也解决不了。此时，王丽萍改变了她的态度，用一种友好的语调说：“我肯定你当时觉得很尴尬，因为老师在全班同学面前斥责你。”小艳有些怀疑地抬头看了妈妈一眼。王丽萍接着说：“记得我上四年级时，有一次只是在数学考试时站起来借了一支铅笔，老师就让我下不了台。我感到十分尴尬，也很气愤。”

小艳露出轻松的样子，很感兴趣了：“真的？我也只是在上课时要求借一支铅笔，因为我的铅笔不够用了。我真的觉得为这么简单的事批评我，不公平。”“是这样。但你能不能想想办法，今后可以避免这种尴尬的局面呢？”“我可以多准备一支铅笔，那样就不用打断老师讲课而向别人去借了。”“这个主意不错。”

由上例可知，作为合格的父母，必须要学会站到孩子的角度看问题，尽最大的努力去获得孩子的信任，才会避免亲子关系中的抵触和逆反，获得相互的理解和沟通。

父母只有尊重孩子，以平等的身份对待孩子，与孩子建立相互信任的关系，做孩子的知心朋友，才能实现和孩子的良好沟通，从而能够更有效地纠正孩子的不良行为。

有些父母对孩子总是很独断，过于强调自己的观点与尊严而不顾及孩子的想法。这样的父母认为自己从来都是对的，而孩子都是错的。但这样做，不仅得不到孩子的认同，还容易引起他们的反感和对抗。

其实，父母和孩子的交往，应该是平等和民主的，而不是独断的。在教育过程中父母要尊重孩子。孩子在家庭中扮演的虽然是子女的角色，但他们也应该受到尊重，而要尊重孩子，首先要学会站在孩子的角度来看问题。

父母想学会站在孩子的角度去看问题，就应该做到以下几点：

(1) 对孩子永远保持真诚

在与孩子的交往中，父母千万不能虚假，要能客观地意识到自己在想什么、感受什么以及做什么。除了自我意识，真诚还意味着向孩子敞开你的心扉，向孩子表达你的思想和感受。

（2）用孩子的眼光了解和认识孩子

父母应该明白，成人的世界是成人的世界，孩子的世界是孩子的世界，两个世界是不一样的。如果父母硬要用成人世界的要求来对待孩子，势必发生许多问题和不愉快。因此，父母应该学会放下自己的成见，试着用“孩子世界”的眼光来了解和认识孩子。

（3）学会换位思考

站在不同的位置会看到不同的风景，处于不同的立场会产生不同的观点。作为父母，应该学会换位思考的方法和技巧，当孩子遇到问题时，能够从孩子的位置和角度来看待问题、分析问题，才能有效地解决问题。不仅如此，换位思考还是一种了解孩子真实想法、快速拉近和孩子心灵距离的有效方法。

适当给孩子选择的权利

情景一：李明7岁了。一天，他跟着妈妈去买衣服。当他们到了商厦的时候，李明看上了一双200元钱的运动鞋，可是妈妈认为这双鞋太难看，不适合小孩子穿，就没给他买。李明很不开心，妈妈也看了出来，就给他买了很多别的东西。可是，许多天过后，李明还是一直惦记着那双鞋。

情景二：一天，一位美国妈妈带着5岁的女儿一起去便利店买东西。女儿琼看到陈列在展示架上的芭比娃娃和拼图玩具，站在原地看了许久。

“妈妈，我可以买芭比娃娃和拼图吗？”琼问。

“买两个太多了，而且这两个玩具都不便宜，我只能买其中的一个玩具给你。你可以自己选择要买哪一个。”妈妈说。

“可是这两个玩具我都很喜欢！我要选择哪一个呢？”琼为难地说。

“芭比娃娃的外形很漂亮，和小朋友玩扮演游戏时，可以担任不同的角色；而拼图玩具有许多不同形状的图形，可以组合成不同形状的物品。两种玩具都各有不同的玩法和优点，玩具是买来给你玩的，至于要选哪一个，你自己决定吧。”妈妈耐心地解释。

过了好一会儿，琼终于决定买芭比娃娃。母女俩开心地拿着玩具到柜台结账，琼口中还喃喃自语，回去一定要给芭比娃娃取一个特别的名字！

有些父母总是像李明的妈妈一样，认为孩子还小，什么都不懂。所以孩子吃什么、穿什么、玩什么、用什么，都是家长说了算，完全不管孩子是否喜欢。在中国的父母看来，孩子是没有自我意识的，孩子是没有选择的权利的。

另外一些父母则不一样，他们十分重视培养孩子的自我意识，强调让孩子自己做选择。他们相信，通过选择，能培养自理的能力。当他长大后，就能从容面对日常生活中许多重要的选择。

每一个人都有选择的权利，都有自己喜欢和不喜欢的东西。身为父母，要尊重孩子的选择，多给孩子一些选择权，让孩子自己的事情自己做主，不要把自己的意志强加给孩子。

任何一个人，要做出正确的选择都不是一件容易的事，更何况是孩子。他们没有经验，又容易被新鲜的东西吸引，因此他们做出的选择和决定，难免不恰当甚至出现错误。所以父母的担心也是正常的。但不管怎样，也应当让孩子试着自己做一些决定。因为这对孩子的成长很有帮助，这也是孩子成长过程中很重要的一部分。总是由父母做决定的孩子长大后，常常缺乏判断力和选择的能力；而且缺乏责任感，甚至不知道如何对待自己的责任。

当然，在培养孩子自己做主的能力时，也应注意下面几点：

（1）不要给孩子过多的选择

如果说："你想穿什么颜色的毛衣？"孩子可能会提出家中没有的颜色，若父母不能顺从时，反而会使孩子对父母失去信任。因此，应该这样问孩子："你想穿这件绿毛衣，还是那件红毛衣？"

（2）不能让孩子选择有害的或不安全的事

因为孩子对危险和有害事物的认识不够深刻。例如冬天一定要穿棉衣，这是没有选择余地的，也是必须执行的。但可让他做其他的选择：这棉衣是由爸爸妈妈帮你穿，还是由你自己穿？而不是问要不要穿棉衣。再如，过马路时你是拉着妈妈的手还是爸爸的手，而不能说，过马路时你要拉着大人的手。

（3）孩子在做决定时，不要给他很大的压力

如果孩子的决定不合理，大人可适当提醒。如果孩子做决定后遇到挫折，产生了失败感，父母要给予帮助。但这种机会不要给得太多，以免给他造成太大的压力。父母可以根据情况，运用自己的经验和知识，帮助孩子做一些决定。不过，这种决定最好是由大人和孩子共同做出，这也是帮助孩子做决定的好方式。"如果我们不去看奶奶而去看电影，奶奶会伤心的"——这是大人进入孩子的选择中去。在判断正确与错误的选择时可以说："我们已答应某某去展览馆，不遵守诺言是错误的。"这可以让孩子知道做决定其实就是要对自己负责任。

凡事多和孩子商量

有一个叫李刚和一个叫王海的男生，他们的父母失业了，两个家庭都陷入了困境。面对同样的境况，两个孩子的表现却截然不同。王海依旧没有改变穿耐克、乔丹等名牌服装的习惯，最近又迷上了上网，并且达到废寝忘食的地步，更别说按时上课了。

“海儿是全家的希望，只要他读书好，将来有出息就行，没想到他连课都不上了。”王海的妈妈感到非常失望，“但我们还是觉得孩子应该拥有这个时代给予他们的快乐，再苦再累也不能让孩子觉得委屈，不能让他来承受父母因工作失败而带来的酸楚。所以，我们从不在孩子面前倾诉失业后的失落，更不会抱怨挣钱太辛苦和受到太多的委屈，照常满足他的吃穿要求和他想要的零花钱，没想到这孩子把我们对他的期望抛到了九霄云外。”

而李刚却和王海大不相同，虽然有时上学也迟到，可是学习成绩却在不断进步。

原来李刚的父母下岗后又重新创业，白天黑夜顾不上家，但思前想后，李刚的父母还是将实情告诉了孩子，与孩子商量应该怎么办。“有句话不是说‘穷人的孩子早当家’吗？我们生活困难，孩子是家庭成员，有义务做贡献，帮助家庭早日脱离困境。”

李刚的妈妈是一个性情爽朗的人，提起儿子就乐呵呵的：“与孩子商量后，孩子也很乐意，主动提出照顾好奶奶和搞好自己的学习。我们有时回家累了，他还会为我们捶捶背，按摩按摩。这孩子两岁多就会为我们拿拖鞋，我们就没有不放心过，不仅表扬鼓励他，而且教他做力所能及的事，我们遇到什么困难也会与他商量，请他帮助想办法。我们常对孩子说的就是‘我们都是家庭中的一员，要相亲相爱，尽职尽责’，儿子做到了。他关心每个家人，把奶奶也照顾得挺好，这可解决了我们家的大问题了。而且听说他现在学习也没耽误，真是让我们高兴，也确实难为孩子了。”

孩子是家庭中的重要一员。可是，许多父母都像王海的妈妈一样，在决定一些事情尤其是一些重要的事情时往往把孩子排斥在外。是的，生活中纯粹的大人之间的事没有必要让孩子知道，可是还有很多事是完全应该让孩子也参与讨论的，尤其是涉及孩子的某项决定时。不要以为孩子小，什么也不懂。更不要以为孩子是你的，你就可以随便替他做出决定。

事实上，只要是家庭的成员，即使年龄小，总归是一个人，他有权知道关于自己以及家里的事情，有权参与家庭事件的讨论与决定。

人与人之间的相互协商非常重要。协商能够让人感觉到被尊重。根据马斯洛的需要层次理论，被尊重的需要是人类较高层次的需要，一旦这种需要无法获得满足，人们就会产生沮丧、失落等负面情绪。而对孩子来说，同样如此，他们也有被尊重的需要，如果父母喜欢与孩子协商，孩子就会非常乐意与父母交流。反之，孩子则会产生逆反心理，封闭自我。

据某家报社编辑部的一项调查显示，在面对“你是否有和孩子商量问题的倾向”的问题时，接受回答的250名“80后”父母中，只有8%的父母表示凡事都愿意和孩子商量；23%的父母表示偶尔会和孩子商量；而69%的父母明确拒绝和孩子商量问题。他们认为，孩子还小，不懂事；再说，如果和孩子商量问题，自己作为家长所拥有的权威就可能丧失。这组数据让人看后有一种沉重的感觉，作为父母，理应有宽广的胸怀，要乐于并善于与孩子商量问题。这样的父母才是受孩子欢迎的父母。

“知心姐姐”卢勤在一篇文章中曾经谈到与孩子商量的重要性：

“商量的魅力在于，使自己学会从别人的角度思考问题。两代人的沟通，最重要的是相互理解、相互尊重。而实现相互理解、相互尊重的方法是——学会商量。

我从儿子的成长中体会到：商量，能使家庭关系变得和谐；商量，能使孩子得到大人的尊重，从而使孩子懂得尊重别人，并学会用商量的办法去对待父母和他人。

从儿子幼儿时期直到高中时代，我一直用‘商量’的办法同他相处。‘商量’增进了亲子感情，避免了冲突和对抗；‘商量’使儿子学会了从别人的角度来观察事情，思考问题，学会了民主和平等。

回想儿子成长的经历，我深深地感受到，孩子是独立的世界，这个世界蕴藏着极大的潜能。潜能的开发，要靠个人努力，更要靠父母的尊重、赏识和肯定。父母应当相信，孩子的世界会比自己的世界更辉煌，因为他们属于未来。有了这样的认识，才能平等地面对他们，真正地尊重他们，由衷地赞美他们，他们才有可能以自己的健康成长来回报我们。”

由此可见，商量对孩子的健康成长有着多么重要的意义。

又如，在提醒孩子做作业时，父母可以说：“你现在是不是该做作业了。做完作业还可以看会儿电视。”而不要说：“赶紧去做作业！”或“还不去做作业呀？”在请孩子帮忙做一件事情时，父母可以说：“你能帮我一把吗？”而不要说：“快来帮我！”或“赶紧把这事做了！”商量的语气对孩子来说非常重要，孩子会认为你尊重他，关心他的感受，从而对你产生好感和信任。

……

不要总将孩子与别人比较

8岁的小珊和10岁的小佳一起从学校回到家。小珊很快就走到自己的房间，可小佳却跑到妈妈那里说："看，我又得了100分。"妈妈看着成绩单，非常满意，夸奖了小佳一番。"小珊在什么地方？我想看看她的成绩单。她考得一定很差吧？"这时小珊正准备去玩，妈妈就叫住了她，让她把成绩单拿来看看。果然，小珊的成绩很不理想，妈妈非常生气地大声说道："你为什么不能像你姐姐一样？就是因为你太不用功。不许出去玩。回自己的房间去！"小珊非常沮丧地走回到自己的房间。她受了妈妈的一顿斥责，感到自己很没有面子。

在上文提到的故事中，妈妈犯了几个错误，对小珊的教育十分不利。其一，妈妈还没看到成绩单，就非常肯定地说小珊的成绩一定不好，这表明妈妈对小珊一点信心都没有。作为母亲，她的这种态度会使小珊放弃努力，认定自己永远是一个失败者。其二，妈妈又告诉小珊，她为小珊感到惭愧，使得小珊更加认为自己是一个毫无价值的孩子，在妈妈心目中没有一点地位，不受妈妈的喜爱。现实生活中，每个孩子其实都需要家长的鼓励，这样才能增加孩子的自信心。小珊就是一个例子，她一向认为自己是不能和姐姐比的，认为根本没有理由去尝试。其三，妈妈给小珊设立了太高的目标，小珊望而生畏，认为自己无论怎样去努力都不能使妈妈满意，结果对树立自信又增加了一道障碍。那么，小珊的妈妈是怎样想的呢？妈妈以为她对小珊的指责会使她感到羞愧，就此可以产生一种刺激，让小珊以后努力学习，同时促使姐妹之间的竞争，以此来提高小珊的学习成绩。但是这种办法对一个从小缺乏鼓励、缺乏自信心的孩子，只会使她更加认为自己无能，觉得自己是一个不受欢迎的孩子。

妈妈对两个女儿做当面评价，这样做不但对小珊不利，对小佳同样也是不利的。这种比较会使小佳产生更加强烈的愿望，要永远走在妹妹的前面，给自己设置越来越高的目标，甚至是不切实际的目标。假如小佳达不到这个理想目标，同样也会认为自己是一位失败者。所以，用这种刺激的办法，对两个孩子身心都是不利的。如果要想小珊以后做得好，妈妈最好的办法就是不要拿她和小佳比较，任何此类比较对孩子都是有害的。每一个孩子都有自己的个性，因此每一个孩子都应该在自己的基础上发展，而不是做别的孩子的复制品。

大部分父母都有这么一个习惯，喜欢拿自己的孩子和别人的孩子比较，总觉得自己的孩子没有别人的孩子优秀，不知不觉地会用其他孩子的优点来比自己孩子的缺点，嫌自己的孩子不够优秀，“你看你的同学 ×× 多好，每次都考第一名”“你瞧 ××

多听话，从来不让爸爸妈妈操心”等话语也往往出自父母的口中，说得多了，孩子的内心就会受到伤害，使他认识不到自己的优点与长处，树立不了自信心，而且对父母表扬过的同学十分憎恨，无形中，孩子的心灵也就被扭曲了。

印度哲学大师奥修说：“玫瑰就是玫瑰，莲花就是莲花，只要去看，不要比较。”是的，父母必须明白一个事实：孩子天生就有差别。我们首先要承认这个差别，然后在孩子原有的基础上帮助孩子进步。我们可以拿孩子的今天和昨天比，拿孩子的成功和失败比，就是不能拿自己孩子的短处和别的孩子的长处比。

过多地拿孩子同别的孩子做比较，会使得许多孩子把学习当成为父母学而不是为自己，因此把学习当成一件苦差事。同时，这样做的结果，容易导致孩子自信心的丧失，以至于产生难以根除的自卑心理，这对孩子的成长是非常有害的。其实，每个孩子都有优点和不足之处，某方面不行，并不代表其他方面不行。父母如果经常拿自己孩子的弱项与别的孩子的强项比较，就会使孩子失去竞争或迎头赶上的勇气。同时，父母对孩子的数落，也极易引起孩子的逆反心理，并损伤孩子的自尊心。因此，孩子出了问题或学习成绩差，应该从孩子的实际情况出发，寻找原因与差距，而不要拿孩子与别的孩子比。

那么，作为父母，当看到自己的孩子不如别人家的孩子优秀时，又该怎么做？如何才能不拿自己的孩子和别人的孩子做比较呢？

(1) 保持一颗平常心

父母应该从内心深处杜绝“攀比”的想法，不要用别的孩子作为例子来给自己的孩子施加压力，要用一颗平常心来对待孩子暂时的不足，给孩子多一些鼓励。良好的教育意识与能力应该成为每一位家长的自觉追求。

（2）看到孩子的进步

父母应该学会全面看问题。比较有两种，一种是横向比，一种是纵向比。看孩子的进步，不仅要横向地看孩子和别人的差距，更要纵向地看孩子比以前取得了哪些进步。父母不能用学习上的进步来衡量孩子的成长，盲目攀比的结果只会毁了孩子。

(3) 承认孩子间有差异

每个孩子的性格和特点都是不同的，许多父母喜欢把自己的孩子和别的孩子进行比较，而且总拿自家孩子跟别的孩子的长处相比。这样做实际上是忽视了孩子之间的差异，父母应当接受并承认这种差异，帮助孩子学会取长补短。而且，当父母看到自己的孩子和别的孩子有差异时，先不要着急，这种差异未必就是差距。孩子和别人的差异性往往是其个性形成的开始。其实，这种差异更需要父母来加以保护。此时，父母的正确态度是根据自己孩子的特点进行教育。例如，自己的孩子脑子迟钝一些，就教育孩子笨鸟先飞，多努力。孩子有了进步就应该鼓励。只要孩子付出了努力，已经尽其所能，父母就不要对孩子提出过高要求，这样的教育才是可取的。

（4）尊重孩子的天性

父母要尊重自己孩子的天性，不要盲目跟风。其实，做父母的只有找到适合自己孩子的发展道路，按照孩子的天性去培养，孩子才可能获得幸福和成功。

懂得在别人面前夸奖孩子

李晓晨今年7岁，是一个活泼可爱的小男孩，他的父母都是农民。有一次，妈妈带着他去城里的大姨家做客。大姨家的女儿比李晓晨小两岁，看见李晓晨母子后，就走上前甜甜地叫姨妈和哥哥。李晓晨因为来到陌生的城市环境，一时难以适应，看见姨妈与表妹时也不敢上前打招呼，躲在了妈妈后面不吭声。

李晓晨的妈妈看到这情景，就夸李晓晨的表妹有礼貌，批评李晓晨虽然比表妹大，却没有表妹懂事。妈妈对表妹表扬和对自己的批评刺激了躲在妈妈身后的李晓晨，他站出来对着妈妈嚷道："我怎么不懂事了？你就知道夸别人。别人再好也不是你的孩子。"这话使李晓晨的妈妈大吃一惊，她没有想到儿子竟然说出这样的话，让自己下不了台。

她自嘲地对姐姐说："你看这孩子，这么小，不懂事还不准别人说，真是没见过世面的乡下孩子，与城里的孩子没法比。"李晓晨听着妈妈的话，气呼呼地表示不服气。这件事情过去之后，原本活泼可爱的李晓晨变得沉默寡言了。

每个孩子都有自尊心，尤其是在别人面前，自尊心表现得更加敏感。所以，父母要多在别人面前对孩子进行表扬，而不要当着别人的面对孩子进行批评。像上例中李晓晨妈妈的做法，会严重伤害孩子的自尊心，给孩子不良的心理暗示，使孩子以后真的朝着父母批评的方向发展。

有的父母夸赞别人的孩子，贬低自己的孩子，是出于恭维、客套，而不是因为自己的孩子真的比别的孩子差。但孩子却不知情，认为父母喜欢别人的孩子而讨厌自己，以为自己真的不如别人，这些都会在孩子幼小的心里留下不可磨灭的创伤，阻碍孩子健康地成长。有些父母夸奖别人的孩子，批评自己的孩子，可能是认为自己的孩子某个方面真的不如别人，有种恨铁不成钢的感觉。但孩子都有自尊心，父母这样对孩子不仅起不到激励的作用，相反还会使孩子越来越叛逆。

因此，父母要在他人面前多赞扬孩子。如果孩子听到父母当着别人的面表扬自己，自尊心不但得到了满足，而且会增加自信，朝着好的方面更加努力。如果父母当着别人的面夸赞孩子好的方面，会使别人对孩子留下好的印象，由此会对孩子投射出赏识的眼光，也间接地鼓励了孩子。父母夸赞孩子还有一定的技巧，如孩子不在场却能知道父母在别人面前夸赞了自己，这样孩子会更加高兴，知道父母是从内心赏识自己，从而能激励孩子产生无穷的力量，快速地朝着父母所希望的目标前进。

父母当着他人的面夸奖孩子也应有度。不论什么时候，见了任何人都对孩子进行赞扬，这样做反而对孩子的成长不利，也会引起他人的反感。所以，父母当着别人的面赞扬孩子要适度，要恰当，同时要实事求是，不可夸大其词。但更不能像前面案例中李晓晨的妈妈那样，当着别人的面贬低自己的孩子，这些都不利于孩子的成长。

在别人面前夸奖自己的孩子时，有以下几点需要注意：

一是夸奖孩子的态度必须是认真和真诚的。不能因为炫耀自己或者敷衍别人而故意吹嘘，夸大孩子的优点。

二是必须有根有据。要根据孩子的平时表现来夸奖孩子，不能为了夸奖而夸奖，凭空捏造事实，让孩子感觉你在作假。

三是要适可而止。不要说起来没完，让孩子感觉不自在。要知道，表扬的话并不是越多越好，有时候说得多了反而无益。

孩子比成人更爱面子。他们对于赞扬是极其敏感的，他们在比我们想象得更早的幼年时期就具有这一敏感度。他们觉得，自己能被别人看得起，尤其是被父母看得起并当众夸奖，是一种莫大的快乐。所以，当跟别人说起自己的孩子时，不管孩子是否在场，都要怀着赏识和尊重的心态去谈论他们："我的孩子很棒，我很喜欢他！"

◇ 情感引导 ◇

有些父母对孩子总是很独断，过于强调自己的观点与尊严而不顾及孩子的想法。这样的父母认为自己永远都是对的，而孩子都是错的。这样做，不仅得不到孩子的认同，还容易引起他们的反感和对抗。

父母应重视培养孩子的自我意识，强调让孩子自己做选择。当他长大后，就能从容面对日常生活中许多重要的选择。

不管遇到什么事情，父母都应注意不要用命令而要用商量的口吻与孩子对话。使用协商的方式，能让孩子体验到父母对自己的尊重，体验到人格的平等，如此，孩子才会比较乐意接受父母的意见。

好父母日常家教演练

1. 你的孩子在遇到苦恼和问题时，会主动向你诉说吗？面对孩子的倾诉，你会用从孩子的角度考虑问题吗？

2. 日常生活中，你是无论什么事都替孩子做决定还是会给孩子选择的权利？

3. 在家庭事务中，你是否会询问孩子的意见？你对孩子的意见或建议持何种态度？

4. 你会拿孩子跟别人的孩子比较吗？如果孩子在某些方面不如别人，你会激励还是嘲讽？

5. 你会有意识地在外人面前夸奖孩子吗？

第三章

学会倾听，
让孩子说出心里话

倾听是表示关怀的一种方式

孩子兴冲冲地跑回家："妈妈，我想把在学校发生的事告诉你！"

妈妈："你说，你说，妈妈听着呢。"

孩子："我们班的小帅又把新来的女老师气哭了。"

妈妈："噢！"

孩子："小明和强子打架被老师罚站了。"

妈妈："噢！"妈妈一边说，一边还在厨房里不停地忙碌着。

孩子继续："我们要发新书了！"

妈妈："知道了！"

孩子有点不耐烦："妈妈，你到底有没有在听我讲啊！"

妈妈："听着呢，都听见了。"

孩子："那就给我复述一下。"

妈妈："我现在忙着呢！"

孩子："算了，我也不跟你说了，你好像一点也不关心，我回屋了。"

有些父母就像上文中的妈妈一样，他们觉得孩子很简单，孩子很幼稚，孩子不懂事，其实未必。没有倾听就难以发现。有的时候，孩子表达的只言片语都是真实的、可贵的信息。身为父母一定要学会解读，学会继续去问。比方这个时候你可以温柔地拥抱着孩子，问他："是吗？怎么回事啊？"然后让孩子用平静的心情把事实断断续续地说出来，这个时候父母才能得到重要的信息，才能做出恰当的判断。所以说，倾听是一种爱，倾听的艺术就是教育的诀窍！

孩子越小越愿意倾诉，父母应充满耐心与兴趣地倾听，因为这是亲子沟通的黄金时期。为什么会有许多父母抱怨孩子越大越不愿意和他们交流呢？其实部分原因是源于孩子在小的时候倾诉的意愿没有得到父母完全的重视，因而渐渐地孩子也就不愿意和父母交流了。其实，孩子年纪越小，就越容易沟通。如果坚持下去，孩子即便长大了，也会习惯于与父母交流。

但是在现实生活中，有很多父母认为小孩子讲的话都是无稽之谈。然而事实是，如果父母现在不能听取孩子所关心的事，将来孩子也不可能会去倾听父母所操心的事。学会倾听是亲子交流的基本要求。父母如果能够尊重孩子，倾听孩子的谈话，则能够创造更多与孩子交流的机会。

一位十几岁的小姑娘离家出走了。她的妈妈悔恨地说："我以前不该经常打断她的话，不管她如何滔滔不绝。这样当她长成十几岁的大姑娘时，有事就会和我商量了。"还有一个孩子，他对母亲说："妈妈，请您耐心地听听我所提出的问题。只有您肯听我讲，我才能向您学习去听别人讲。"

作为孩子的父母，你是否能听得出这番话里隐藏的委屈呢？

倾听是表示关怀的一种方式、一种无私的举动，可以让你的孩子离开孤独，进入亲密的家庭氛围，并享受父母的温情和关怀。

父母要学会倾听，这不仅仅是一种表示关怀的形式，而且还是了解孩子最有效的途径。身为父母的你有必要定期抽出专门的时间来倾听孩子的心声，让孩子感觉到你对他的重视，而孩子对你的信任感也会越来越深。这样一来，孩子才会向你袒露内心世界，让你知道他对事物的看法和感觉。父母要学会听，孩子才会说。

只有把耐心倾听孩子的话作为日常生活的具体行动，才能渐渐地看清楚孩子的世界，做父母的也会从中发现乐趣而不是苦恼。聪明的父母会通过倾听孩子说话来了解他们的感受，这是非常有价值的一种教育方式，与孩子沟通，为我们提供了一次了解和教导孩子的机会。所以，不论孩子提出的问题是大还是小，都要尽可能找时间立即去倾听，而不要让孩子等你有了空闲时间再说。立即倾听孩子的谈话，有助于赢得孩子的信任，这样孩子才愿意把他所有的事都告诉父母。而对于父母来说，了解孩子头脑里想的是什么，是一件很重要的事情。因此，当孩子与你谈话时，你要尽可能地立即与孩子交谈，这样，孩子就不会失望了，还会让孩子感受到自己对于父母而言，是多么的重要；这样，孩子也就会更多地把心里话告诉你了。

“倾听孩子的心声”是家庭教育最为重要的一环，因此，学会倾听也是父母用行动去关怀孩子的一种途径，父母只有这样做，才能搭起与孩子进行心灵沟通的桥梁！

妈妈要做孩子最忠实的听众

有一位女士，为了能让自己专心地工作，她把自己3岁的儿子送进幼儿园全托班，每周只接一次。有一次，孩子从幼儿园回来，对她说："妈妈，我知道你很忙，没时间在家陪我，可你能不能把我转到每天都能回家的幼儿园？"这位女士没能满足孩子的请求，她和丈夫常常出差，没有时间照顾自己的孩子。每次孩子回家，总是兴致勃勃地给妈妈讲幼儿园里的事，不管妈妈爱不爱听。儿子需要的是一个忠实的听众，而妈妈是最合适的人选。遗憾的是，这位女士没有意识到孩子的这个需求，总觉得听孩子说话浪费了自己写稿子或思考的时间。所以，每次孩子和她讲话，她总是做出很忙的样子，眼睛左顾右盼，手里还不停地翻动着书报。没想到，这位母亲的"忙碌"给孩子的语言表达带来了障碍。由于孩子是一个思维能力很强的孩子，为了在有限的时间里把话说完，他就讲得很快，慢慢地变成讲起话来结结巴巴的。这引起了这位女士的注意，她开始改变自己，尽量抽出空来，倾听孩子的讲话。渐渐地，儿子竟成了这位女士学习儿童语言的老师。是孩子把她领入了奇妙的儿童世界，使这位女士后来对儿童教育工作达到入迷的程度，也使她学会了怎样用心去读懂孩子。

从上面的故事可以看出，聪明的父母在孩子面前不是做一个高明的演说家，而是做一个忠实的倾听者。

如果你发现自己的孩子不爱说话或说话紧张，甚至听你讲话时漫不经心，你就应该意识到，你陷入了“不会做孩子听众”的误区。作为孩子的第一任老师，父母必须马上改变自己，否则会后悔终身。

当你成为一位非常好的听众时，便是你成为高明的说话者之时，你也就具备了成为孩子们好朋友的条件。你的倾听会使未成年的孩子从小学会以平等与尊重的心态与人建立联系，会使孩子觉得自己很重要，利于孩子学会独立思考。当你的孩子长大成人，像山一样站在你的面前，你需要仰视他时，他仍然会习惯地俯下身来，像小时候你对他那样听你说话，跟你谈心。那时，年迈的你会从内心里感到做父母的宽慰和满足。

也许你会发现，不论孩子的话题多么简单，如果你想要表现出倾听的姿态，那么孩子也会自然而然地愿意把心里话都说出来。如果你总是沉着脸，一言不发，一副漫不经心的样子，就会令孩子十分失望。慢慢地，他也会养成对什么事都不关心的毛病。那些在课堂上发呆、不爱发言的孩子，幼年时可能就缺少好的听众。孩子从小没有感受过自己语言的魅力，必定会对自己的语言表达能力失去应有的信心。

父母是孩子最好的老师，而语言又是早期教育最重要的环节。如果父母想让孩子成为了不起的孩子，那么，就从倾听孩子说话开始吧！

和孩子交流时要少说多听

钟科的母亲平时教育钟科时特别喜欢唠唠叨叨，从来不听钟科的意见。

有一天，钟科放学回家来，进屋放下书包，就开始诉说学校里的不良现象，并发表了自己的许多看法。奇怪的是母亲并没有打断钟科的话，反而一直听钟科把话讲完。钟科虽然不知道是为什么，但心里真的特别高兴母亲的理解，于是感激地说："妈妈，谢谢您今天听我说了这么多的话。"

原来钟科的母亲得了咽喉炎，嗓子哑了，医生叫她少生气，不要说话。钟科回家时，她刚吃完药，虽然听了一半就很生气，本想打断孩子的话，但因嗓子疼说不出话，所以只好听他说下去，却最终听到了孩子的心声。

母亲因患了咽喉炎，嗓子哑了，遵医嘱而不说话。而孩子谢谢妈妈是因为妈妈"今天听我说了这么多话"。这就是说，母亲成为一个"倾听者"，此时的教育效果是母亲意想不到的，所以，少说多听也是一个好方法。说教太多，教育效果未必很好。

有人说：“唠唠叨叨是母亲教育孩子的一大特点。”用孩子的话说：“我妈除了唠叨，没有别的招儿，烦死了。”还有的孩子说：“妈妈的话来回来去地说，没完没了。”

有资料表明：学生中有90%的人认为父母对自己一点都不能理解，一见面就唠唠叨叨，内容也是千篇一律，没有一句话能帮助自己解决现实中的困难，还凭空地让自己生出许多烦恼。于是，孩子便想出应付办法：一是不到最后时限不回家；二是回家就往自己的小屋里钻，反手将门锁上，用房门阻断与家长的联系。个别孩子因为没有力量当面抗击家长的强权，不得已钻进卫生间一待就是两三个小时，在那窄小的天地里享受自己的歌曲、读物，编织快乐的遐想。

从家长的角度来看，谁不想让自己的孩子能够有一个幸福的生活？为了让孩子尽量少走弯路，尽可能达到满意的成长和生活状态，父母通常将自己的生活体验告诉孩子，应该怎样做，不能怎样做。当孩子不愿遵从父母的意愿，依然我行我素时，父母就会为孩子可能犯的错误而焦虑，为他们可能遇到的挫折而忧心忡忡。家长的责任心促使父母不断向孩子重复自己的意见，重复自己的要求。于是，矛盾爆发了。

孩子不能忍受父母的管制，父母不能理解孩子的作为。孩子知道父母的意见是对自己的关爱，但爱的表达方式让人很难接受，不仅不能帮助自己，还给自己带来不小的心理压力。最直接的坏处是影响了自己的情绪。心理学实验表明：在情绪高涨、轻松愉快的状态下进行学习的学生，其学习成绩比情绪低落、抑郁，长期处在激愤状态下的学生要高出20%左右。这是父母不应忽视的一个严重事实。

在家庭教育中，我们提倡身教重于言教，但从家庭教育咨询中反映出来的问题看，父母在教育孩子的过程中，常常是“言教重于身教”，也就是“说话”太多。这样的教育效果不但不佳，有时还适得其反。所以，作为父母应该变一下传统的教育方法，培养自身的教育意识和教育行为，使言教和身教相统一，身教重于言教。多倾听，少说话，是一剂良方。给父母一些建议：

（1）简单的事情不必解释

父母要明白，对于有些简单、普遍的道理，孩子并非不懂，做父母的如果过度解释，反而会使孩子心生厌烦。

（2）不再没完没了地唠叨

唠叨适可而止，尽量少说多听，为孩子提供贴切的有实质性的帮助。在此基础上，还会有哪个孩子认为父母的话是让人心烦的唠叨？还有哪个孩子不愿向父母请教？“说教”太多，会把孩子弄得无所适从。孩子对母亲没完没了的数落和长篇大论的说教是厌烦的，如果父母的高论与事实相差太远，效果更是可想而知了。

（3）保持平等的地位

家长与孩子谈心时，往往保持居高临下的态势，带有命令式的口气，孩子在这种气氛下，带有一种恐惧或逆反心理，而不愿吐露心中的秘密。如果保持平等的地位，以朋友的身份和口气与孩子交谈，孩子就比较容易接受，从而很自然地与家长一起探讨学习和生活中的疑点和难点，增强孩子的自信心与创造力。

家长应以关怀的笑容、信任的眼神、理解的心态耐心地倾听孩子把话说完，以平和商讨的口气与之交流。

可是，有些时候，家长往往会板着面孔打断孩子的话。这样做，既伤害了孩子的自尊心，也使孩子从此不愿向大人吐露心声，形成了沟通的壁垒，对孩子健康成长不利。

（4）应面对面听孩子说话

因为孩子小，声音弱，所以大人在倾听孩子说话时，最好使自己在身高上与孩子处于平等位置，互相凝视着对方，面对面地交谈，这样效果才会更好。

鼓励孩子学会表达自己的想法

章显是个特别听父母话的孩子，可是有一点，他就是不爱多说话。平时，做完作业，他就喜欢读书或者看电视，很少同父母一起交流、谈心。章显的爸爸妈妈平时也是大忙人，不是很重视孩子这方面的表现。

2005年11月11日，北京奥运吉祥物揭晓，章显和爸爸妈妈一起看这个节目。爸爸和妈妈在讨论五个福娃哪一个名字和形象更好一些，在旁边坐着的章显却一言不发。

妈妈觉得每一个孩子看到小福娃可爱的样子，都会情不自禁地说上几句的，爸爸也意识到儿子实在是太沉默了，家里几乎听不到他的声音，于是问道："儿子，你喜欢哪一个福娃呢？"

章显见爸爸问自己，想也没想就回答说："都差不多。"

妈妈接着说："我喜欢'贝贝'。你觉得怎么样呢？"

章显说："嗯，可以。"

爸爸和妈妈相视了一下，妈妈又对他说："显显，你已经是大孩子了，对任何事物都该有一个自己的喜好和评价呀？每个人都是有头脑和思想的。你有什么想法，以后要跟爸爸妈妈说出来才行。”

后来从章显的老师、同学那里了解到，章显碰到说话、发言的事情就往后躲，上课回答老师问题从不举手，偶尔被老师提问到，他会满脸通红、吭哧吭哧地说不出话来。

在重视交流和合作的社会，孩子的说话能力和讲话水平，被用来当作评价个人知识、修养和能力的重要标尺，所以，父母要重视对孩子说话能力的培养，特别是对于像上面故事中的章显这样不爱表达自己想法的孩子，一定要鼓励他主动地说出自己心里真实的想法。

有的孩子本身性格内向，对于这类孩子，父母要尽量让他多和外界接触，在和他人接触的过程中培养自己外向的性格以及养成和别人交流的好习惯，学会向他人表达出自己内心真实的想法。

很多孩子在外人面前会害羞，对于这类孩子，父母要学会尊重，站在朋友的位置，用心去感化孩子，帮助孩子矫正害羞的习惯，让孩子学会交流，掌握融入人群中的方法，以便得到他人的理解和支持。

许多孩子很能说，在家里，只要给他机会就可以不停地说下去，但大多都不着边际，有很多时候话讲完了，听的人却一头雾水，不知道孩子到底想表达什么。有很多孩子，在父母面前能说会道，但遇到陌生人，便吓得不敢出声。有些孩子在私底下说得头头是道，但真正让他上正式场合却扭扭捏捏，说话结结巴巴，这些都不利于孩子今后独立地走入社会。因此，做父母的应该从小引导孩子会说话，有勇气有信心说话：

（1）父母要学会引导、激发孩子说话的欲望

那些性格内向的孩子常常喜欢独自一人玩，默默地做事，父母对待这样的孩子要千方百计地引导他说话，把他说话的欲望给激发出来。问孩子一些问题，尽量避免问那些只需要孩子点头说“是”或摇头说“不是”、“有”或“没有”这一类问题。可以问他一些学校里的情况，比如“老师是怎么夸奖你的”“班里和你最要好的同学都有谁”等。

（2）父母要学会指导、帮助孩子说正确的话

孩子说话时可能会出现用词不当、前言不搭后语等现象。父母在听的过程中，要随时帮助孩子选用正确的词汇，要求孩子有准备地搭配语言，让孩子把话讲完整，教孩子把想讲的话联系起来思考后再讲出来。长期下来，孩子语言的准确性就会不断提高。

（3）父母要注意提高孩子的思辨能力

思辨能力的培养，需要一个积累的过程，让孩子多看一些科普书，看电视新闻，了解世界、了解社会，平时多跟孩子交流、讨论一下人和事，多参加社会活动。在家庭中不管讨论什么问题都让孩子发表意见，也可以锻炼孩子的口才。多看书，看多了，了解多了，学习书中优美语言的用法，逻辑思维自然有条理了，孩子也就会引经据典，更有说服力，语言表达能力也就提高了。总之，父母要多给孩子提供训练说话和锻炼口才的机会与环境，提高孩子的情商。

倾听的同时，还要尊重孩子的意见

情景一：刘蒙就要参加中考了，这对他来说是人生的一道关口。当他的同学都计划着如何考进一所重点高中时，刘蒙却一筹莫展。他不喜欢数理化，成绩也一般，但数理化又是中考必考科目。按刘蒙现在的成绩，即使能考取高中也很难考进重点高中，甚至还有考不上高中的可能。

周末，刘蒙回到家，跟妈妈商量说："妈，现在学校同学都忙于复习，都准备考重点高中。"刘蒙说到这儿停下了，他要看看妈妈如何反应。妈妈也知道刘蒙一定是有什么话要说，只说了声："哦，接着说。"刘蒙说："妈，我想跟你商量一个事。"妈妈说："你说吧！""我想考美术学校。"刘蒙鼓起勇气说。妈妈说："理由呢？"刘蒙说："因为我的数理化成绩不太好，我也不太喜欢这几门学科。即使现在考取了高中，到了高中后又是什么样我没有把握。我喜欢美术，如果能把学习和自己的兴趣相结合，我想我肯定会开心，也会学得好。所以我想考艺术类院校。"妈妈听完心想：孩子说得也有道理，做家长的不能把自己的观点强加在孩子身上。儿子从小喜欢画画，但上学后，就再也没有工夫画画了。现在孩子提出去学美术也许是个明智的选择。想到此，妈妈说："刘蒙，你现在也这么大了，读什么学校你自己决定吧，也许你的选择是对的，我和你爸支持你。"刘蒙如愿以偿地考进了美术学校。毕业后，刘蒙在美术界就开始崭露头角，他的个人画展受到业内人士一致好评，后在一家跨国文化传媒公司任美术总编。

情景二：丽丽是一个漂亮的女孩，身材苗条，而且特别喜欢舞蹈，业余时间参加了舞蹈班。她经常在家对着镜子练习，还收集了很多舞蹈明星的艺术照片。但父母坚决反对孩子的这个兴趣。在他们看来，舞蹈出名的机会太小，而且要吃很多苦，还不如把学习搞好，上一个好大学。于是他们在校外给孩子报英语班、数学班，还不辞辛苦每天接送。丽丽不感兴趣，她几次与父母说，但爸妈根本不听她的。丽丽为此十分苦恼，学习成绩也日渐下滑。

在第一个故事中，当初刘蒙妈妈的朋友认为她的想法有问题，竟然不让儿子读高中。刘蒙的妈妈说："我不认为是错的，这是我们母子俩达成共识后的选择，而且我发现儿子现在是全身心地投入学习。当我看到儿子快乐地学习、生活，我也同样快乐。"

但是，现在像丽丽父母这样的家长也不少。真正关心孩子的未来就要学会倾听，而不要把自己的愿望强加给孩子。对孩子的爱好，只要不是原则问题，就不要干涉过多。顺其发展，然后因势利导，促其发展，切不可忽视孩子内心的感受，主观地为孩子设计好一切，强迫孩子去做，这样只会压抑孩子的兴趣，使其产生逆反心理。父母要在倾听的同时，尊重孩子的意见，如校外的兴趣班，上或不上要征求孩子的意见，只要孩子说得有理，就应采纳。如果丽丽的父母尊重了孩子的意见，让丽丽学舞蹈，孩子感兴趣，哪怕没有家长陪着，她也会尽力地去学，因为兴趣是成功的动力。

倾听的实质是一种对孩子的尊重。在倾听的同时，孩子已经接受了父母传递过来的尊重信息，他们就会更亲近父母、信任父母。倾听孩子的谈话，赢得孩子的信任，彼此交流就没有障碍，这样，亲子沟通时父母就能更多地了解孩子的心理活动，顺利引导孩子健康成长。因此父母必须记住：

(1) 倾听要建立在信任的基础上

没有任何事比听完孩子的话更重要。倾听孩子的谈话就是尊重孩子、信任孩子，孩子就会与你更亲密。

(2) 倾听时要尊重孩子的选择

倾听时要尊重孩子的意见。孩子做出合理的选择时要支持，做出不合理的选择时要引导孩子做出合理的选择。

◇ 学会倾听 ◇

孩子越小越愿意倾诉，父母应充满耐心与兴趣地倾听，因为这是亲子沟通的黄金时期。

唠叨适可而止，尽量少说多听，为孩子提供贴切的、有实质性的帮助。这样的话，还会有哪个孩子认为父母的话是让人心烦的唠叨？还有哪个孩子不愿向父母请教？

有的孩子本身性格内向，对于这类孩子，父母要尽量让他多和外界接触，在和他人接触的过程中培养孩子外向的性格以及养成孩子和别人交流的好习惯。

好父母日常家教演练

1. 当孩子向你讲述在幼儿园或学校发生的事情时，你会认真倾听吗？

2. 在和孩子的日常交流中，你习惯多说还是多听？

3. 当孩子想表达自己的想法时，你会让他完整表达吗？

4. 在和孩子交流的过程中，你会关注并尊重孩子的意见吗？

5. 在孩子向你讲述一些你认为很幼稚的事情时，你会不耐烦吗？

第四章

父母这样说，
孩子才能听进去

蹲下来和孩子说话

在一个圣诞节的晚上，一位年轻的妈妈带着5岁的女儿去参加圣诞晚会。

热闹的场面、丰盛的美食，还有圣诞老人的礼物…… 妈妈兴高采烈地和朋友们打着招呼，不断地领女儿到晚会的各个地方，她以为女儿也会很开心。但没想到的是，女儿几乎哭了起来，母亲开始还是有耐心地哄着，但多次之后，女儿干脆坐到地上，鞋子也甩掉了。

母亲气愤地一把把女儿从地上拖起来，训斥之后，蹲下来给孩子穿鞋子。在她蹲下来的一刹那，她惊呆了：她的眼前晃动着的全是大人的屁股和大腿，而不是自己刚才所看到的笑脸、美食和鲜花。她这才明白了女儿为什么会不高兴，她蹲下来的高度正是女儿的身高。

通过这个故事，我们想到了什么？要去了解、引导孩子，应该蹲下身子，拉近和孩子的距离。一位从美国费城考察回来的专家，曾经这样深有感触地说过：“美国的父母不像中国的父母偏向吼骂的教育方式，他们和孩子说话时，一定会蹲下来，让自己的眼睛和孩子的眼睛处在同一高度上，然后握住孩子的手，轻声地和孩子说话。他们认为，在蹲下与孩子目光平行的时候，无形中，孩子便会乖乖听话了。”

如果总是站着面对孩子，那么，父母与孩子的距离，就不仅是身高上的差距，同时更是一代人与一代人之间的距离，是一颗心与一颗心之间的距离。蹲下来与孩子交流，对孩子来说是一种极大的关心与理解，是孩子能够接受的一种爱护；蹲下来与孩子交流，孩子离我们的距离就会缩短；蹲下来与孩子交流，是父母关心孩子内心世界的体现；蹲下来与孩子交流，营造出来的是一种民主、和谐的气氛。

我们都知道，只有两端高度差不多，水才有可能在中间的管道里来回流动，如果一端高，一端低，水就只能往一个方向流了。孩子与父母的交流也是相同道理。蹲下来和孩子说话，父母与孩子才有可能平等地交流。

英国教育家斯宾塞曾说：“对孩子训话意味着你要求他绝对服从，让他像你一样思考问题。和孩子朋友式地交谈，意味着大家一起寻找方法解决问题，重新衡量自己的观点，搞清楚究竟谁的更符合实际。”父母总是希望自己的管教能起到立竿见影的效果，可以让孩子下次不再犯同样的错误，可孩子偏偏就是屡教不改，是孩子太顽固了还是父母自身的教育方式出了问题？

其实，只要父母善于与孩子沟通，孩子就会知道，父母是非常爱他的，也是很尊重他的。而通过沟通，孩子就会明白，哪些行为是对的，哪些行为是不可取的。同时，通过沟通，父母还可以更好地了解孩子的想法和行为动向。

当然，在交流的过程中，父母最好是蹲下身子，近距离接触，两眼直视孩子的眼睛。听完后直接、果断、清楚地向孩子表达自己的意见或思想，如此孩子才能按照你的想法去做。而且，语气要坚定，但绝不严厉，父母的语气要透露出自己说到做到，并且一定要他照办的坚决。这样，不但可以有效沟通，还可以消磨孩子抗拒或抱怨的情绪。

总之，蹲下来和孩子说话，是增强孩子独立意识的有效方式。蹲下来说话，不仅仅是一种行为的表现，还是一种教育观的体现。只有怀着崇高的责任心和热切的期望才能蹲下来；只有把孩子看作平等的个体才能蹲下来。只有蹲下来，父母才能平视孩子，才能获得和孩子真正交流的机会，才能真正明白孩子心中所想，以及他们行为的真正动机。

营造顺畅交流的氛围

孔菲一家通常会利用假日的晚间，全家到附近社区的饮茶小馆“莲花茶坊”小坐，他们各自点喜欢的饮料和小吃，然后就天南地北地聊了起来。在轻松的气氛中，父母亲都不谈公事，话题很轻松、自然。此时父母跟孩子拉近了距离，渐渐地，孩子会把内心情感细细地道出。

有一天晚上，他们又在社区的“莲花茶坊”喝茶聊天。

女儿说道：“我觉得啊，我们家是追求知识与品质的家庭。我在想，现在是因为我的功课还不错，才不会有一些压力。如果我功课不好，那我会怎么样？在我们家，我还是会很快乐的！”

孔菲说：“是啊，功课不好，也可以很快乐！”

女儿说：“可能妈妈还未曾体会过吧，那是因为我没有功课不好的时候。”

孔菲说：“我觉得，你有时候不必刻意强调功课，那样你的功课反而会更好。”

女儿说：“对啊，因为大家都很优秀。”

孔菲说："我觉得，读书只是人生中的一条路，还有其他可以发展的路。重要的是你自己想做什么，是你自己的价值观问题。现阶段你想追求什么？"

女儿说："我啊，我很喜欢美术的。"

……

可以看出，孔菲和女儿的交流是非常顺畅的，交流的氛围也相当好。然而，有些父母与孩子的交流却总因种种原因不得不搁浅。问题就在于，这些父母在与孩子的交流过程中，往往不自觉地便处于了领导地位。这种交流方式表明父母根本不关心孩子的感受、想法和正在做什么，对孩子产生这样一种暗示：在父母和孩子之间，父母总是强大的、聪明的，父母的需求是更重要的。它抑制了孩子的情感表达，使孩子认为父母对他的的话根本不感兴趣。

父母与孩子交流中另一个常犯的错误就是说教，交流常常变成了父母一方的演讲。他们觉得自己总是对的。这类父母最爱用的词是"你应该怎样怎样""你不应该怎样怎样"。当父母采用这种方式与孩子交谈时，就往往会发现孩子的眼神开始是惊异的，然后是疑惑的，再之后则是冷漠的。这个时候孩子已经决定关闭自己的心扉，不再讲出自己的真实想法了。因为，就算是孩子也不会愿意去听别人说教。

还有一种父母与孩子交流的障碍是责备。比如："我告诉你什么来着？我早就知道这事儿迟早会发生。""如果你早听我的……""你怎么这么笨。"在父母的批评、训斥、贬低、责备声中成长的孩子，往往不愿与父母讨论问题，因为他们知道，不管他们怎么努力，都不会得到父母的夸奖。

以上种种交流方式的一个共同的特点是，父母更多的是站在教育者的立场上，而不是站在心理交流的立场上。这样常会使孩子们感到父母根本就没有认真倾听他们的感想，甚至会认为父母根本就不关心、不理解他们，因而他们也就不愿意与父母进行交流。

要想打开与孩子交流的大门，营造顺畅交流的氛围，最重要的是要使交流显得坦诚和有效，父母应该让孩子知道，他们投入了全部的爱心和真诚来与他交流。

（1）与孩子进行平等的交流

孩子能够从父母的语调中得到的比在话语中所得到的信息更多。做父母的听一听自己是怎样给孩子们讲话的，就明白了。父母跟孩子们讲话的语调、声音和成人讲话的语调、声音完全不同。如果他们把对孩子讲过的话录下音来，认真地听一听自己的声音，就会发现他们是多么不尊重孩子。所以，与孩子说话首要的是平等看待孩子。

（2）把握与孩子说话的时机

尽管父母非常希望了解孩子，但当机会来临时却又总是不留意地将它放过了。父母大都有自己的烦恼与事务，孩子开口的时间也许的确不凑巧，如正碰上情绪低落或忙于处理事情的时刻，没有精力去探究孩子的用意或话外音。但如果想到要花数倍努力在其他时间去敲开这扇门时，就不该不假思索地回绝这份邀请，而应当接住这个信号，促使谈话能够继续下去，或者给予一些解释，不让孩子感到被忽视。此外，如果碰上父母自身有烦恼时，与孩子交流一下自己的困惑，不仅能够疏散一下自己的情绪，而且也能使孩子感到自己受到父母的重视与尊重，为自己能够给父母帮一些忙而骄傲。

（3）创造与孩子说话的机会

父母应当创造与孩子交流的机会，这种交流可以随时随地地进行，关键是我们应当敏感一些，对孩子的谈话欲望给予充分的注意，尽量满足他们的谈话要求。谈话可以在饭桌上、一起购物时，或共同参加家务劳动时。有时谈话内容未必有什么实质性内容，也可以毫无意义。但这种随时随地的谈话，会给孩子带来很大的宽慰。

（4）做到真正地接受对方

一个13岁的女孩子这样讲："我父母常对我说，我这不好，那不对，似乎我做的每一件事都让他们不满意。既然他们认为我这样一无是处，我索性按他们认为的那样去做，也不会有更坏的评价。"父母所表现出的接受态度，是使孩子发挥他的积极态度和发展潜力的关键。传统的观点认为：如果我们接受孩子的现状，他便会长此以往，不会自我改进；如果要想帮助他成长，父母必须不断告诫他："你这样是不行的，那样也不行。"大部分家长习惯使用否定语言来培养孩子，批评、纠正、命令，使孩子感到自己一无是处，不为家长所接受。心理学家研究表明：一个人只有在他认为自己被对方完完全全地接受之后，才可能考虑接受对方的建议，对自己的行为做出有益的修正，使自己成为更完善更有能力的人。因此，建立顺畅交流氛围的一个重要的因素，是对谈话对方的接受。这一点运用到孩子身上，尤其如此。

把与孩子的交流变成游戏

这是一个出自《卡尔·威特的教育》中的一个故事，可能对我们中国的家长有更多的启示。

爸爸给卡尔买了一套积木，卡尔很喜欢这个礼物，把大量的精力花在了摆弄积木上。

一次，小卡尔花了很多精力用积木搭了座城堡，其中有房屋、城门、城墙，还有做得非常精致的小桥。

正当他准备叫爸爸来看时，由于十分激动，他的衣角不小心在城堡的主要建筑——一个高高的钟楼上扫了一下。顿时，钟楼倒塌了，砸坏了其他建筑，还毁了他精心搭建的最令他满意的小桥。顷刻间，他的杰作成了一片废墟。

“父亲，它毁掉了，是我不小心给毁了。多可惜！它本来那么棒……”

小卡尔说着都快哭了。

爸爸问清情况后说：“儿子，既然是你不小心，就没有理由抱怨，更不该难过。你能做好第一次，就一定能做好第二次。为什么傻坐在那儿？不如重新做一个，或许还会更好呢！”

顿时，小卡尔欢欣鼓舞。

其实，这话说起来容易，做起来难，因为小卡尔搭的是一组复杂建筑群。要他做完第二次，一定要有极大的耐心和毅力。但老卡尔坚信儿子能做到。

不出所料，小卡尔完成了，并邀请爸爸欣赏作品。老卡尔非常吃惊，他没有想到，儿子会做得那么完美。

“爸爸，我认为这比前面那个做得还要好些，因为我做第二次时对它做了不少修改，并且做得更快了。”小卡尔自豪地对爸爸说。

相比之下，小麦克就没那么幸运了。

5岁的小麦克的小房间一般不太整洁，玩具从盒子里倒出来后，常常不主动收拾好就去玩别的了。

有一次爸爸对小麦克说：“把你的房间收拾干净再出去。”

小麦克说：“我已经收拾好了。”

爸爸走进房间一看，地上已没有玩具了，可还有好几本儿童画报没有收拾好，便对小麦克说：“你看你的画报到处都是，真不像话，别人会笑话你的。”

小麦克像什么也没有听见似的，溜出去玩了。

我们可以说，小卡尔的父亲真正以童真的视觉看世界，读懂了孩子的心，而小麦克的父亲则是一种“成人主义”的说教，交流效果显而易见。

聪明的父母应当努力把与孩子的交流变成游戏，应当做到：一切语言刺激最好都带有孩子喜欢的趣味性；而在一切孩子所喜欢的活动中，都不要忘了进行必要而有效的语言交流。

伴随孩子的成长，父母与孩子之间谈话的内容及交流方式都在发生着变化，从中也可以看到父母与孩子之间心理距离的变化。比如：孩子在襁褓之中，家长不时动情地“自说自话”，心中充满无限怜爱。此时，父母的心态是对孩子无条件地接纳。

到了孩子已能到处乱跑时，大多数家长又要重新回到自己的职场。由于工作、家庭的双重压力，家长就期望孩子能少给自己添些麻烦。在这一阶段，有些家长在与孩子沟通时的态度、语气，会因自己情绪的不同而变化。心情好时与孩子讲话较温和；情绪差时，会因一些小事责备、训斥孩子。此阶段家长与孩子交流时，对孩子的接纳程度已不再是百分之百。

孩子上幼儿园或者上学后，家长更多的是关心他学习成绩的好坏，对他接纳的程度也常以学习成绩为标准。家长最爱问孩子：“有没有听老师的话？”“考试多少分？”“老师喜不喜欢你？”孩子的学习成绩常是家长态度的晴雨表。家长与孩子的对话，俨然是两个成年人的对话方式。

回顾家长与孩子谈话方式的变化过程，不知父母是否悟出了什么？很多父母与孩子沟通不良的个案中，有一个共同的特点，便是孩子自小到大的成长过程中，父母在对他说话时，比较多地从“应该对孩子说什么”角度出发，而很少考虑“怎样说孩子才能接受”。常常忽视了孩子在不同的年龄阶段，知识容量、心理特点、生活经验以及社会背景都在发生着巨大的变化，并且是处在一个日益发展的动态过程中。如果父母对孩子说话的内容和方式不能与孩子的变化相吻合，结果只能是对父母的话，孩子越来越不爱听，或者“听不懂”。

孩子在接受教育时是有选择性的，并非所有正确的、应该实施的教育内容都会为他所接受。孩子只接受乐于接受的内容和方式。因此，父母有必要研究怎样同孩子说话。

不少父母都感觉跟孩子讲道理是非常难的一件事：父母说得天花乱坠，孩子这耳朵进，那耳朵出；一不留神，孩子还逮着个错反驳父母半天。有些父母能与孩子说得眉飞色舞、热火朝天；有些父母却很少与孩子讨论什么，他们与孩子说话，往往说上个三五句，孩子不耐烦，父母也没词了。

有的父母很是困惑：为什么我们就不能和孩子深入讨论呢？怎样让我们的亲子沟通更有趣呢？在下列几方面好好体悟摸索，相信你能与孩子的心灵越来越近，越说越投机：

(1) 在玩游戏的过程中与孩子说话

家庭游戏是使家庭成员达成良好沟通的桥梁。孩子的天性就是喜欢游戏，他们需要在游戏中找到快乐，也需要在游戏中成长，父母也会在游戏中重新找回失去的童心。游戏使家庭成员融为一体，使大家有更多有意思的话题，使沟通更轻松、有趣。家庭游戏和家庭趣味活动可以有多种多样的形式。如：先由一个人在纸上画出一个图形，一个圆，一个三角形，甚至一个墨水点，其他的人在这个形状上加工，画出一幅完整的图画，这个游戏为“怪东西”。“家庭卡拉OK”“家庭讲谜语故事”“家庭画展”“家庭数字扑克牌”“集体做饭”“绕口令比赛”“家庭成语接龙”“家庭机智问答”等室内趣味活动，都可以丰富家庭文化，增进家庭成员间的交流。户外游戏的形式，那就更加丰富多彩了。家庭游戏和趣味游戏能自然而然地在家里营造一种轻松欢乐、自由自在的气氛。孩子不再感觉父母是高不可攀的铁面家长，而是有意思的玩伴。父母也暂时收起了严肃的面孔，和孩子一起欢笑玩闹。这样一个欢乐的家庭之中，父母与孩子的关系必然也是亲密的、和谐的。

（2）在想象世界里与孩子说话

有时候，父母不妨忘记现实的日常生活，在孩子周围创造一种童话般的氛围。孩子眼里的世界，是浪漫的、多姿多彩的。父母应该珍惜孩子的这份童心，努力与孩子的童心进行诗情画意的交流。例如，过节的时候，父母可以就这个节日给孩子讲某位神仙会从烟囱里钻出来给孩子们送礼物的故事，而且还可以说只有听话的孩子才会得到他的礼物，那些老在幼儿园里疯、上课讲话的小孩，神仙老人就不会给他们礼物。然后父母可以将礼物藏在孩子容易发现的地方，这样既让孩子节日过得很愉快，也让孩子知道应该怎样才能得到这些礼物。这种对于大人看来最容易识破的“欺骗”，但在孩子心中却格外“真实”。丹麦儿童文学大师安徒生有一次陪着邻居家的小女孩玩耍，他告诉那个小女孩，小精灵常常在草地的蘑菇下藏着宝贝。小女孩好奇地掀开草地上的小蘑菇查看。呀！在这里她发现了一个小玩具，小女孩惊喜万分。当然这些东西，都是安徒生事先藏在那里的。当时和他们在一起的还有一位牧师。小女孩回家后，牧师生气地对安徒生说：“你这是欺骗！她总有一天会发现这些都是假的，她会感到痛苦的！”“不，你不明白的。”安徒生回答，“她当然会发现这些不可能在现实生活中发生。但我为她做的这一切，将使她拥有一颗生机勃勃、充溢着美和神奇的心灵。”

(3) 在孩子喜欢的活动中与孩子说话

爱玩、爱做游戏，这是孩子们的天性。游戏的娱乐性和趣味性，能使孩子愉快，兴高采烈。而这种作用对于孩子的生理和心理的健康发展是大有好处的，而且是对孩子进行教育的最好方式。聪明的父母应当努力把与孩子的交流变成游戏，应当做到：一切语言刺激最好都带有孩子喜欢的趣味性；而在一切孩子所喜欢的活动中，都不要忘了进行必要而有效的语言交流。

比如：孩子拿着一根棍当马骑，并用小树枝或小布条当作马鞭抽打着，孩子玩得很高兴，可是当他玩够了的时候，就会扔下木棍跑去玩别的了。这样的游戏反映了什么呢？只是表现了孩子把木棍当马骑这一天真的天性。父母对孩子这样游戏往往是听之任之、不加理会，有时也只是说：“把棍子放到原来的地方，别到处乱扔”，如此而已。其实，这种情况正是父母与孩子进行语言交流的大好时机。比如，妈妈可以提来小桶对孩子说：“看，马跑了半天，一定累坏了，让它喝点水吃些草吧。”那么，孩子就会很高兴地接过小桶给马“喝水”，还会自言自语地说：“我的小马儿，你喝饱了吗？现在我牵你到马棚里吃草吧……”孩子玩完“骑马”的游戏，再也不会把木棍一扔了事，而是对“马”关怀备至。这样，既发展了孩子语言和想象的能力，又培养了他良好的品格和习惯，而这一切都是在轻松愉快的玩耍中进行的。父母与孩子在游戏中沟通，既可以收到良好的教育效果，又能拉近亲子间的距离，创造美好的沟通氛围。

（4）让自己的话更能让孩子听懂和理解

父母的语言，可能是具体生动、敏锐有力的，也可能是空洞枯燥、生硬无趣的。父母只有使用具体形象的话语，进行生动类比，才便于孩子接受和理解，才能打开通往孩子心灵的门，让孩子感受真正的快乐。

例如，一位父亲带着孩子出去玩的时候，突然，儿子问父亲：“爸爸，为什么前面那辆汽车会冒烟？”父亲很有兴趣地告诉儿子，说：“你会吃饭、喝水，而运动以后，不要的东西就变成‘尿’和‘便’排泄出来。车子也一样，吃进去汽油就像你吃了饭一样，才有力气跑；发动了车子，汽油使用后会变成黑烟，从车后排出来，就仿佛车子在‘尿尿’一样。所以要把窗子关上，才不会闻到臭味。”这是将车比喻成“人”的答法，问题回答得很形象，也使小孩很容易了解。

如果父母是从汽车的原理等理论去阐述，那么会使孩子感到枯燥且难以理解。生活中，孩子会经常冒出许许多多的“为什么”，父母可以根据孩子不同的年龄、不同的理解力运用不同的类比方式去解释。父母多用形象的比喻会使自己的语言更具有吸引力和艺术性，孩子在快乐交流的同时也会吸收父母的语言艺术和精华。

平心静气地和孩子说话

情景一：李芬的女儿今年读初一，在上小学的时候，女儿基本不用父母操心，成绩一直处于中上等水平，虽然不是很拔尖，但也算不错了。李芬感觉很欣慰，与女儿的关系也十分融洽。

女儿升入初中后，李芬担心她成绩跟不上，开始对她严加管教。不让她玩，还经常训斥她。李芬还不顾女儿的反对，给她请了英语家教，每周末都给她辅导英语课。女儿很生气，故意不好好学习，结果不但英语成绩很差，就连其他科目的成绩也开始下降。

不仅如此，女儿的逆反心理也越来越严重，李芬说东，她偏往西，母女俩总是话不投机半句多，说不了两句就会吵起来，李芬和丈夫因为孩子的教育问题也经常拌嘴。

那一段时间，李芬非常痛苦，不知道该怎么办，对孩子说话也越来越尖刻。

有一次，李芬当着女儿的面说："人家怎么能养出那么好的孩子，每次考试都考那么好，我怎么养了个这么笨的孩子？"

女儿大脑反应特别快，立即回了李芬一句说：“我怎么遇见了这么笨的妈妈？”李芬听了，嘴张了张，什么也说不出来。

后来，李芬仔细反思，孩子的问题到底出在哪里呢？最后，她找到了原因，是自己对孩子的态度出了问题，自己对女儿越来越恶劣、尖刻。

当即，李芬决定改变自己的态度，对女儿变得温和起来。无论女儿怎么与自己作对，她都用温和的态度对待。

两个月过去了，奇迹出现了，女儿不再和她作对，有什么事情还会主动请教她，也知道关心人了，而且成绩也在逐渐提高。

情景二：崔涵是个7岁的孩子。一天，他正在玩积木，聚精会神地垒宝塔。妈妈见了，却叫他去学习。崔涵玩积木很专心，没有听见妈妈说的话。

妈妈生气了，几步走到崔涵面前，伸手推倒崔涵费了很大精力才垒起的宝塔，大声呵斥道：“我让你写作业，你没听见啊？”

崔涵被妈妈的举动吓了一跳，看到宝塔顷刻间倒塌，他十分伤心，狠狠地瞪了妈妈一眼，打开门跑了出去。

妈妈赶紧追出去问：“你去哪里？”崔涵哭着说：“你是个坏妈妈，我不要你了。”

有些父母就像上面的两位妈妈一样，抱有这样的教育态度：孩子是我的，所以我有权利让他听我的，即使严厉训斥他也没有什么错。这是错误的教子理念，父母的权威和尊严不是靠训斥孩子树立起来的。

一味地训斥孩子，可能孩子表面上服从父母的教育，但内心却很不赞同父母的教育方式，不仅会使父母在孩子心目中的形象大打折扣，甚至会让孩子产生严重的逆反心理。

父母觉得只有在孩子面前保持自己的尊严，只有严令孩子，才能“镇住”孩子，孩子也才会听话。其实这是错误的，父母采用这样的方式只会疏远和孩子之间的关系。面对严肃的父母，孩子也不会敞开心扉和父母进行沟通，家庭教育当然也就不会取得理想的效果了。

因此，在教育孩子时，父母要平心静气地说话，尽量避免使用训斥、讽刺的语气，这样既不会损害孩子的自尊心，又不会破坏父母和孩子之间的关系。

父母要学会尊重孩子，站在和孩子平等的地位上与孩子进行朋友似的谈话，即使孩子和自己的想法不一致，也不能一味地严令呵斥，将自己的意识强塞到孩子的头脑中，更不能按照自己的理想去塑造孩子的性格、品质。

（1）不做专制的父母

很多父母在教育孩子时，喜欢用训导的语气，要求孩子做什么事时，更喜欢用命令的语气，他们只关注自己的权威地位，而不考虑孩子的内心感受。专制的父母希望孩子绝对服从自己，可这样父母和孩子之间就称不上沟通了，而是简单的统治和被统治的关系了。

刘婷是初二的学生，性格很内向。其实刘婷幼时是一个活泼开朗的孩子，只是在父母的专制教育下，她的开朗逐渐被内向、懦弱所取代了。

妈妈喜欢安排女儿如何做事，并且口气常常很强硬，刘婷一开口反抗，妈妈就开始居高临下地教育她，有一堆的唠叨等着女儿。久而久之，刘婷也习惯了妈妈对她的专制式管理，变得畏畏缩缩。

孩子的心灵是脆弱而敏感的，父母用训斥的语气、以居高临下的姿态和孩子说话，只会挫伤孩子的自尊心。父母在教育孩子时，要平心静气、和言细语地交流。孩子做错事情的时候，父母要耐心地帮助孩子分析做错的原因，引导孩子走上正确的道路。专制教育之下的孩子，表面上会听从父母的命令，实质上会产生逆反心理，或者和父母对着干，或是形成懦弱的性格。

（2）尊重孩子

青春期的孩子独立意识增强，渴望摆脱对父母的依赖，他们对世界的看法会和父母不一致，一旦不符合父母的想法，父母就会对孩子耳提面命。孩子的社会经验少，肯定会犯这样或那样的错误。父母若不能站在孩子的角度体谅和理解他们，而是一味地训斥孩子，就会对孩子的身心造成极大的伤害。

孩子都希望得到父母的尊重，都想自己的努力得到父母的认可。所以，父母要把孩子当成朋友来看待，尊重孩子的人格和所取得的进步，做好孩子的人生导师。

（3）把孩子当作朋友

父母在对孩子说话时要换种思维方式，把孩子当成自己的朋友来对待。父母很少会对周围的朋友采取训斥的态度，只有把孩子看成自己的朋友，才能保证良好的亲子关系，促进孩子的健康成长。

父母总是把自己置于比孩子高的位置上，习惯于对孩子发号施令，这样，孩子得不到尊重，就不乐意同父母做朋友。父母要尽量用商量的语气和孩子说话，和孩子做朋友，和孩子一起成长。

（4）用请求的语气让孩子帮忙

很多父母有这样的体会，自己想要得到孩子的帮忙时，孩子会表现得不听话或是故意做错。其实这和父母对孩子说话时的语气有很大的关系，父母命令式的语气激起了孩子逆反的情绪，所以孩子不会服从。

赵倩今年上初中二年级了。一个周末，妈妈的朋友要来家里做客，为此妈妈很早就起来打扫卫生、买菜。妈妈突然想起来还没有买酒，但是她自己忙得不可开交，就让正在看电视的倩倩帮她去买。

妈妈以命令的语气要求倩倩去买酒，可是倩倩好像没听见一样坐着不动。妈妈试着换了个语气和孩子说话，她亲切地蹲下来对女儿说："宝贝，你看妈妈太忙了，没空出去买酒，你给妈妈帮个忙，去买瓶酒，好吗？"赵倩看到妈妈的态度，高兴地出去买酒了。

孩子虽然年龄小，但他也有自己独立的人格，他们想得到父母的尊重，而不想父母把自己当成他们的私有品，随意地呼来唤去。父母尝试着用请求的语气和孩子说话，就会收到不一样的效果，沟通的障碍也自然会消除。

针对孩子的个性选择交流方式

媛媛是个性格内向的孩子，平时很少和同学交流，身边的朋友也很少。但是媛媛的妈妈却是一个性格开朗的人，平时大大咧咧的，和孩子说话时也不太注意，于是敏感的媛媛常常会误会妈妈的意思。

比如，妈妈偶尔会说起隔壁的小孩子会帮家里做家务活，媛媛将妈妈的话理解为她喜欢隔壁的那个孩子，而不喜欢她，为此非常伤心。有一天，媛媛给妈妈写了一封信，把自己的心里话对妈妈说了，信里写了她的困惑、不解以及对妈妈的不满。

妈妈看到女儿的信后，恍然大悟，认识到自己交流方式的不妥，决定从生活细节入手，根据孩子的性格教育孩子。

女儿内向，不善表达，妈妈就鼓励她多说话，尽量找她感兴趣的话题，在妈妈的带动下，女儿变得开朗了很多。

考虑到女儿的性格内向，妈妈还特意准备了一个本子，一家人可以将各自想说的话写到本子上。通过纸上的交流，媛媛和父母的感情越来越好了。

孩子之间存在很大的个性差异，教育的目的就是要开发每个孩子的差异性、独立性和创造性。父母要根据孩子的个性，选择不同的说话方式，只有这样，才会达到理想的教育效果。

父母是孩子最亲近的人，对孩子有更加深入的了解，因此，在对孩子进行说教时会更有优势，但前提是，父母在了解孩子的基础上，选择孩子喜欢的或是容易接受的说话方式，让孩子能真正听进去父母的话，并将其付诸实践。

很多父母常常抱怨，自己根据家教书上所写的方式与孩子沟通，可是自己的孩子还是不听话。其原因是，这些父母生搬硬套某种教育模式，这是不对的。只有父母的说话方式符合孩子的心理需求和特点，才能更好地激活孩子的思维，发挥应有的教育功效。根据孩子的个性选择不同的说话方式，能够帮助父母有针对性地教育孩子，使得孩子发挥自己的优势，有效地改正自身的缺点。

父母要从孩子的实际情况、个别差异出发，有的放矢地进行教育，使孩子能够扬长避短、获得最佳的发展。孩子的个性不同，父母的说话方法也应有所不同。别人的教子秘诀对自己的孩子或许并不适用，父母要注意活学活用，对孩子进行个性化教育。

由于家庭状况和孩子的实际情况都存在差异，所以，父母要根据孩子和自己的个性特征，选择不同的说话方式，让温暖而有教育意义的话语伴随着孩子的成长。

（1）尊重孩子的个性

每个孩子都有自己独特的个性，父母与孩子说话时要尊重孩子的个性。

孙唯是小学四年级的学生，一直以来都很听妈妈的话，可是最近他不像以前那样听话了，这和妈妈的教育方式有很大的关系。

有一天，孙唯回家后，妈妈用强制性的口气和他说：“我为你报了个奥数培训班，从明天开始，你就去参加培训。”妈妈的语气一点商量的余地都没有。孙唯是个很有主见的孩子，看到妈妈的态度强硬，也不好说什么，但是心里始终闷闷不乐。

妈妈发现儿子的情绪不对，耐心地与他沟通，了解了他的想法，最后主动取消了这个培训班。儿子得到了妈妈的尊重，决心以优异的成绩来回报妈妈。

父母要了解孩子，熟悉孩子的个性和爱好，选择适合孩子的说话方式。尊重孩子的个性，可以避免教育的盲目性，孩子会更清晰地认识到自己的特点，更好地发展自己的个性，这会使教育起到事半功倍的效果。

（2）和开朗的孩子共同探讨问题

对于性格外向的孩子，父母可以选择孩子感兴趣的话题，和孩子共同探讨，这样既可以激发孩子的学习兴趣，增加孩子的知识，又可以增进亲子关系的和谐度。

姜涛喜欢玩游戏，已经达到了痴迷的状态，父母为此很着急，害怕游戏耽误孩子的学习。

姜涛性格很开朗，并且对生物很感兴趣，妈妈决定从这一点入手。

这天，妈妈从图书馆借来了一本关于生物的书，上面有姜涛很感兴趣的恐龙。姜涛看到后，滔滔不绝地向妈妈讲起了他所知道的有关恐龙的知识，这时妈妈恰当地向儿子提出了几个具有争议性的问题，姜涛忘了玩游戏，开始和妈妈查询起那几个问题的答案来，母子俩还时不时地进行热烈的讨论，气氛非常融洽。此后，妈妈不断用这种方式转移孩子的注意力，很快，姜涛对游戏就不那么痴迷了。

在与外向的孩子说话的过程中，父母可以适当幽默一些，要多让孩子说，自己则要耐心听。

(3) 用鼓励性的话语对待内向的孩子

内向的孩子生性害羞、敏感，更需要得到来自父母的认可和肯定，所以，表扬和赞美是教育内向孩子最有效的方法之一。对于内向的孩子，父母要学会放大孩子的优点，从身边的小事入手，表扬和赞美孩子。

妞妞今年已经上小学一年级了，可是她不敢和同学交朋友，一和同学说话就脸红，头都不敢抬。妈妈就鼓励她说："孩子，妈妈知道你心里其实很想和小朋友们在一起玩，妈妈相信，只要你敞开心扉，就会有很多朋友的。"

妞妞听了妈妈的话，开始有了一点点自信，觉得自己能够做到这一点，便试着按妈妈所说的去做了。果然，不久，妞妞就有了两个好朋友。随着时间的推移，妞妞的朋友越来越多，性格也越来越开朗。

父母在和内向的孩子说话时，要用柔和的语气，使孩子的情感得到保护，但是父母也要把握好尺度，不要让孩子滋生骄傲的心理。

用讲故事的方式与孩子交流

伟伟是个属鼠的孩子，由于他连续两次在考试中得了满分，不免有点飘飘然起来，今天说小明是笨蛋，明天说小刚是弱智，只有自己才是天才。于是，妈妈便给他讲了下面的故事：

“有只小老鼠外出旅游，恰好遇见两个孩子在下斗兽棋，小老鼠就悄悄走过去看，结果发现了一个大秘密：尽管兽棋中的老鼠可以被猫吃掉，被狼吃掉，被虎吃掉，却可以战胜大象。于是，它由此认定，只有老鼠才是真正的百兽之王！这么一想，小老鼠就得意起来，从此以后，它既瞧不起猫，又看不起狗，甚至还拿狼开心。有天居然还大摇大摆地爬到老虎的背上去了，恰好老虎正在打瞌睡，懒得动，小老鼠于是更加得意忘形，它趁着黑夜钻进了大象的鼻子。大象觉得鼻子痒痒的，就打了个喷嚏。小老鼠立刻像出膛炮弹似的飞了出去，飞呀飞呀，飞了好半天，扑通一声掉到臭水坑里！孩子，‘自’‘大’加一点就是‘臭’。今年是鼠年，你这只小老鼠会不会也掉到臭水坑里呢？要想不会，就必须遵守一个前提，这就是永不骄傲！”

听了妈妈的故事，伟伟很快便改正了自己的缺点。

这位睿智的妈妈对孩子的缺点并未直接斥责，也未生硬地给孩子讲述大道理，而是以讲故事的方式巧妙比喻，让孩子自己去领会言外之意，可谓举一反三、触类旁通，收到了极好的说服效果。

在说服孩子的过程中，最令孩子反感的就是家长滔滔不绝地灌输一堆大道理，而故事对于孩子来说则是心中最爱，因此，家长不妨利用故事来妙喻说理，使孩子冷静深思、豁然顿悟，达到说服孩子的目的。

每一个孩子都喜欢听故事，父母一定要学会给孩子讲故事。对此，很多父母会不以为然，讲故事谁不会讲，其实要想真正地通过故事达到亲子沟通的目的，首先要做一个会讲故事的家长。

我们都知道，一般故事都有5个要素，何时、何地、何人、何事、何故，每一个故事都应该包括这5项内容，才算表达清楚。何时的表述要注意开门见山，警示性地引起孩子的注意；何地的表述要尽快地进入场景，这样才会突出你想表达的主题；何人的表述要有名有姓，有名有姓才显得真实，也方便孩子理清思路；何事的表述应注意具体化，描述细节化；何故的表述相对不太主要。

讲故事，最重要的是对事的讲解，换句话说也就是重现场景。重现场景的一个技巧就是表达具体化，描述细节化，这样才能使孩子以一个感性的画面进入情节，引发思考。

此外，父母给孩子讲故事时要遵守以下4个原则：

（1）发掘教育性

有专家认为，听故事能够打开那些直接教育无法触及的区域，无论是成人还是儿童，都可以从故事中找到解决自己问题的稳妥办法。这表明，故事的内涵不仅反映生活，揭示世界，而且故事对人的塑造施加着积极影响，有教育性。据此，给孩子讲故事，要充分发掘故事的教育性。要照顾孩子的年龄特点因势利导。孩子进入幼儿期，可多选择一些童话故事，因为童话以儿童幻想为特征，从不同角度向孩子展示奇异美妙的现实生活，告诉他们真善美与假恶丑。孩子 3 岁以后，物我开始分化，他们开始对人的故事和有关自然、社会等方面的知识性故事感兴趣。这类故事，重点应放在讲清“发生了什么”，以拓宽视野，深挖故事主题。

（2）加强针对性

孩子生理、心理发展不成熟，情绪波动大，给孩子讲故事应敏锐地捕捉孩子的兴奋点，以增强同步效应。尤其针对孩子可塑性的特点，发现某些毛病和不足，可选有利于矫治的故事，通过故事形象来启发诱导，达到自我鼓励和克服不足。创设情境讲故事的过程实际是一个还原生活的过程，孩子年龄小，社会生活经验贫乏，往往对故事的内涵领悟较困难。因此给孩子讲故事，首先应创设一种故事氛围，达到借景生情的效果。具体做法可以通过“解题”作铺垫，告诉孩子这是一个什么样的故事，要注意哪些情节和人物，等等。有这样一个开场，帮助孩子实现注意转移——集中到听故事上来，并意识到这个故事的新奇，做好“听”的心理准备。另外，要力求不断渲染故事环境，促使孩子神往于故事之中。情境渲染的途径很多，比如角色形象创设，讲故事者角色要到位，努力摆脱或掩蔽自己的成分，按故事角色形象的个性及特点来寓情于境。言语情景创设不容忽视，言语是沟通讲者与听者情感的重要媒介。讲故事要语言生动，清晰鲜明，儿童化，可使孩子移情于境，增强故事的感染力。

（3）运用悬念

悬念就是挂念，它是孩子听故事时特有的一种对故事发展和人物命运关切的心态反映。有人说故事是人类灵感的桥梁，悬念就是灵感集成的火花。悬念的引入，就是打破故事完整的格局，在关键处置疑，让孩子按故事的脉络去思考。故事悬念，通常有开篇悬念、情节悬念和结果悬念等，应视具体的故事内容和听故事对象择用或兼用。悬念的设置和运用，需要家长讲故事前认真钻研故事，精心设计讲法，悬念分布既可从故事内容的教育性入手，分解为情感悬念、问题悬念、事件悬念等，也可从故事的结构上设置，如层次悬念、连锁悬念等。当然，讲故事设置的悬念，是为了使故事跌宕起伏、曲直交错，增强故事的艺术感染力。不过，悬念设置频率、深度要因孩子而异，不能因设置悬念而让孩子听故事的兴趣受损。一般情况下，讲故事过程中设置的悬念，随着故事的推进，都要揭破，不能悬而不破。

（4）巧施强化

目前，家庭中有一种普遍现象，孩子天天闹着讲故事，家长也天天给他讲，但到头来孩子听得虽多，而会讲的却寥寥可数。按家长的本意，给孩子讲故事并不是培养故事迷，而是希望孩子得到全面的协调发展。探究事与愿违的原因，一方面可能与讲故事的质量有关，另一方面还与孩子听故事后得不到及时的强化和反馈相关。孩子听故事，多凭形象记忆，故事的情境消失，故事也就会遗忘。为此，要提高孩子听故事的质量，必须把“听”延伸到讲完后的强化和反馈中。

◇ 引导鼓励 ◇

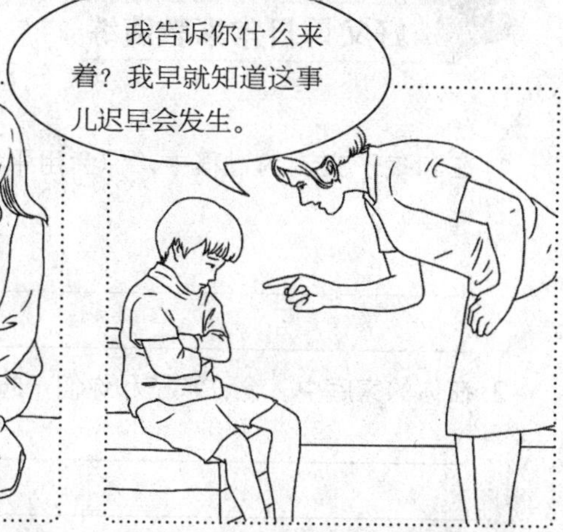

蹲下来与孩子交流，对孩子来说是一种极大的关心与理解，是孩子能够接受的一种爱护；蹲下来与孩子交流，孩子离我们的距离就会缩短。

在父母的批评、训斥、贬低、责备声中成长的孩子，往往不愿与父母讨论问题，因为他们知道，不管他们怎样努力，都不会得到父母的夸奖。

一味地训斥孩子，可能孩子表面上服从父母的教育，但内心却很不赞同父母的教育方式，这样不仅会使父母在孩子心目中的形象大打折扣，甚至会让孩子产生严重的逆反心理。

好父母日常家教演练

1. 在和孩子交流的过程中，你会用平等、友好的态度和孩子沟通吗?

2. 在你的家庭中，允许孩子和你们一起探讨问题吗?

3. 你会和孩子一起玩游戏吗?请试着举出几例和孩子常玩的游戏。

4. 在温和与严厉之间，你会选择用哪种方式与孩子交流?

5. 你了解孩子的个性吗?你会根据孩子的个性来选择合适的交流方式吗?

第五章

引导鼓励，
和孩子一起阳光成长

鼓励孩子的勇气

在成都市第三小学的一次家长教育交流会上，王桐的家长第一个站起来发言，表示对自己孩子的胆小怯懦的行为表示担忧："我的孩子不敢在生人面前讲话，家里来了客人，他躲在角落里一言不发，大气不出，我们叫他出来也躲躲闪闪；不敢在班上回答问题，更不敢向老师提出问题，甚至老师点名叫他回答问题，也难于开口，或者声音细小，匆匆结束；不敢一个人待在家里，总说害怕，怕什么也说不清楚；不敢一个人上街办点儿事情，像买张晚报、取瓶牛奶、发封信件这些事情也依赖大人，自己不敢单独去做；不敢在晚上出屋门，即使很短的时间，很短的路，也很害怕；不敢在受小朋友欺负的时候大声讲理，更不敢反抗，一味忍受，回家哭泣。"问题提出后，引起很大的反响，许多家长普遍反映，自己的孩子也有这样的问题，只是有的表现得明显些，有的表现不明显而已。

王桐的这种表现在孩子当中还是很普遍的。造成孩子胆小怯懦的原因是多方面的，当孩子不懂得什么是危险的时候，他们是不会胆小、害怕的。随着年龄的增长，在生活实践中，可能会遭到某些伤害和影响而产生恐惧心理。由恐惧心理而导致的胆小心理，大部分是由于家长们的行为所导致的，当然，也有的是因为孩子无知莽撞，亲身尝过苦头后才变得胆小起来。

面对缺乏勇气和胆量的孩子，专家建议家长宜从以下几点做起：

（1）切忌用简单、生硬和恐吓的手段教育孩子，也不要嘲笑或惩罚他们的胆小。

（2）培养孩子的独立性，让他们干力所能及的事，独立处理遇到的问题。

（3）培养孩子的自尊心和自信心，让孩子走向伙伴，参与伙伴们的各种活动，从中体验自己并不比别人差。

（4）让孩子多参加有竞争性的活动，如棋类、球类等，培养他们的竞争意识。

（5）让孩子与父母在一起，从事一些带有一定探索性的活动，特别是到大自然中去，培养其坚强意志和大胆、顽强、开朗的性格。

胆小怯懦，倘若成为性格的构成部分，就会使人变得孤僻，畏缩，意志薄弱，缺乏进取的勇气和信心，变成弱者。因此，父母应于孩子性格尚未定型的时期，花大力气帮助孩子放弃胆小怯懦，锻炼成为勇于进取的开拓者和创造者。

让孩子成为“乐天派”

陕西省西安市某初三学生刘燕学习成绩很好，许多同学都非常羡慕。有一天，刘燕的同学去老师办公室，听到了老师这样一番话：“刘燕真是只快乐的小燕子，歌不离口，笑容时时刻刻都挂在脸上。不管做什么事都是开开心心的，每次看到她都觉得心情特别愉快。”这个同学终于明白了为什么刘燕能得到老师的器重，同学们的爱戴，原来乐观豁达的性格在这里起着很大的作用。知女莫若母，刘燕的妈妈也曾经乐呵呵地告诉大家：“刘燕最大的优点就是乐观，遇到什么困难都不怕，总是乐观积极地去面对，才有今天的好成绩。”也正因为这个原因，刘燕不仅学习成绩优异，而且其他方面的素质也都很高，她自已还戏称，所有的成绩都源于“我是个乐天派 ”。

从刘燕身上我们可以看出，乐观的心态，对一个人的一生都很重要。一个孩子如果拥有乐观的心态，便会拥有对人生的自信。

关于乐观，法国作家阿兰在论述把快乐的智慧用于和烦恼做各种各样斗争时说：“烦恼是我们患的一种精神上的近视症，应该向远处看并保持积极乐观的心态，这样我们的脚步就会更加坚定，内心也就更加泰然。”

在家庭教育中，乐观教育是潜移默化的，比如：如果这会儿下雨了，就要引导孩子说“下雨了”，而不要说“该死的天，又下雨了”。因为这样说并不能改变下雨的事实。当然，就算说“太好了，又下雨了”。也不能使下雨这个事实发生任何改变，可是如果把这种话说给孩子听，情况就大不一样！“瞧，太好了，又下雨了！小鸟在歌唱，小草也在歌唱，它们都得到了雨的滋润。”这样就会把快乐传递给孩子，让孩子无论面对何种环境，都保持一种愉悦的心情。

孩子的性格不同，有的乐观，有的消极。乐观的人会给周围的人带来欢乐，是一个受人欢迎的人，是一个容易成功的人。所以积极乐观的心境能促进孩子交往能力的提高，并提高学习效率，消极的心境则会妨碍学生的学习，影响孩子的身心健康。

乐观是一种性格倾向，使人能看到事情比较有利的一面，期待更有利的结果。也许有些孩子天生就比较乐观，有些孩子则相反。但心理学家发现乐观思想是可以培养的，即使孩子天生不具备乐观品质，也可以通过后天的努力来实现。

那么如何培养乐观的孩子呢？可从以下四方面入手：

（1）让孩子感受到父母的爱

随时从父母那里得到坚定支持的孩子，会认为生活可以信赖，人生充满机会。即使生活中偶然出现艰难、失望的境遇，他们仍然能够对生活保持积极的态度。

尊重孩子，是对孩子表示支持的最好方式。母亲在听孩子说话时要热心、不急躁，无论孩子说什么都要表现出兴趣，切忌咒骂或讽刺挖苦。

孩子不小心打碎了杯子，父母不要对孩子说："你真蠢，这点小事都做不好。"这会损害孩子对自身价值的承认以及对你的信任。你不妨换一种口气说："没有关系，以后多注意点。"

做父母，就是要用一颗纯净的心去理解孩子，爱护孩子。

但是，父母千万不要把疼爱变成瞎吹滥捧。不分青红皂白地赞扬孩子，会增加孩子的无助感。因为，孩子对过分的夸奖有着敏锐的直觉。

（2）对孩子说"你能做好"

乐观的孩子，总是觉得自己能够驾驭生活，能够克服学习中的困难，能够摆脱人生中的痛苦。作为父母，首先要帮助孩子树立切合实际的期望目标，并且清楚自己的孩子要怎样做才能达到那个目标，最后，对孩子迈向目标的每一个细微的进展，都给予鼓励和赞扬。

（3）父母要保持乐观情绪

孩子不可能总是按照父母说的那样去做，但肯定会仿照父母做的那样去做。因此，要想孩子乐观，父母自己必须表现乐观。看着母亲一边料理家务一边哼着小曲时，孩子自然会感到快乐。

如果父母整天抱怨，表现得很悲观，孩子自然不会觉得快乐。在生活中，父母要注意自己的言行，常说些积极乐观的话，比如孩子抱怨说："我太笨了，连足球都踢不好。"这时父母最好说："你刚刚练习，踢到这个程度已不错了，以后，经过努力，你一定会成为足球健将的。”如果父母是一个乐观的人，孩子成为一个乐观主义者的概率就会相当大。

（4）利用小伙伴的影响力

父母要懂得：孩子的成绩能被小伙伴承认，会增加孩子的自尊心，对培养乐观心态非常有好处。海伦8岁，上小学三年级，文化课十分出色，但体育课却不及格。汤米的体育课特别好，文化课却是中等。海伦的母亲让她向汤米学习体育。海伦说：“汤米文化课不好，我不喜欢他。”母亲说：“他教你体育，你帮助他学文化课，你们正好可以取长补短。”海伦同意了母亲的做法，几个月后，她在体育课上取得了好成绩。

这种影响力的诀窍，在于利用孩子的攀比心理来激发他们积极向上，并乐观地改变自己的不足。父母应该经常把自己如何交友，如何赢得朋友的尊重，如何保持友谊以及这一切成长过程中的经验告诉孩子，设法扩大孩子的活动范围，鼓励他们多向别人学习。

总之，乐观的心态能培养出孩子豁达的心胸和充分的自信，这是生活中一个良好的习惯，如果你想做一个好父母，请帮助孩子养成这种乐观的精神，它会使孩子受益终身。

培养孩子坚强的意志

江苏省南京市的小学生洋洋是个独生子，父母收入都很高，家境比较优裕，洋洋又聪明活泼，父母对他疼爱有加，只怕他受委屈，对他百依百顺。不管有什么要求，父母都尽量帮他解决。就这样，洋洋养成了对父母长辈的依赖性，事事都要依靠父母的帮助。做什么事都不能有始有终，总要在父母的帮助下才能做好，一遇到困难就不肯向前。有一次，洋洋和父母一起去爬一座并不太高的小山，走到半山腰就爬不动啦，一步也不肯向前走，坐在地上一动也不动，任凭爸爸妈妈怎么说，就是不起来。万般无奈下，只好由爸爸背洋洋下了山。为此，洋洋的爸爸妈妈非常苦恼，却不知如何去做才好。

像洋洋父母这样为孩子缺少坚强的意志品质而苦恼的家长在现实生活中很多。在这里，有必要首先了解一下什么是意志。意志是自觉确定目的，根据目的去支配和调节行为，克服困难，从而实现预定目的心理过程。洋洋的父母就没有重视对他意志力的培养。

作为家长，应该让孩子知道意志的重要性，明白坚强的意志力能使人克服各种各样的困难，而意志的四种表现为自觉性、果断性、自制性、坚持性。这是孩子成长中必不可少的能力。

（1）培养自觉性

自觉性是指对自己的意志行动的目的性具有明确的认识。有自觉性的人，不仅坚信自己的行动是正确的，克服困难，直至胜利，而且还能倾听合理建议，坚守原则，不为困难所吓倒。孩子的行动自觉性比较差，且任性、执拗或过分依靠成人，必须培养其独立自主能力，逐步从成人的检查监督过渡到自我检查监督。

（2）培养果断性

果断性是指善于在困难中辨别事物的真相，迅速作出决定和积极采取行动。孩子知识经验不够，易受暗示而匆匆做决定，贸然行动，应根据他们的知识经验和智力水平，培养他们辨别是非和当机立断的能力，防止冒失或优柔寡断。

（3）培养自制性

自制性是指善于控制和协调自己的行动。在这方面，儿童年龄越小越差，他们不善于自制，容易冲动，常违反纪律，必须从遵守纪律、完成作业、清洁卫生等具体活动入手，提出要求，检查完成情况，养成习惯，逐步发展他们的自制力。

（4）培养坚持性

不屈不挠地把决定贯彻始终，就是坚持性。孩子的坚持性是在读、写、算等技巧形成中逐步发展的。应教育他们凡事有始有终，防止他们因遇到挫折或受到引诱而半途而废。

培养孩子宽容的心态

情景一：在一个广场上，几个三四岁的小朋友正在一起玩得正高兴。突然，一阵哭声传来。在旁边的妈妈听到孩子的哭声之后，快步走到了一群小朋友之间，原来是自己孩子的玩具被另一个小朋友抢走了。

看到自己的孩子受欺负，这位妈妈很生气，大声地斥责孩子："你怎么那么笨，你不会把它抢过来吗？"

看到有妈妈在一旁撑腰，这位小朋友的胆子也大了很多，趁着那个小朋友不注意，一把将玩具夺了回来，然后紧紧地抱在怀里，再也不让别的小朋友玩了。

这位妈妈牵着孩子的手走到了另一边，并且边走边对孩子说："记住，以后谁要是再欺负你，你就要勇敢地去反击，不要这么懦弱，否则，长大了是要被人欺负的。"

听着妈妈的话，孩子似懂非懂地点了点头，然后就自己一个人去玩了，而刚才和他玩的那些小朋友一个也不过来了。

情景二：在德国，有一个叫雪丽的7岁小女孩。有一次，在自己的生日晚会上因为一点小事而遭到好友梅尔的无端抢白，雪丽感到大丢面子，因此一股试图报复的心理涌上心头。晚上回到家后，她就把生日晚会上所发生的事情与自己的想法告诉给了妈妈。妈妈听了她的话之后，没有说女儿这样做是对还是错，只是对女儿说，报复根本就不能解决所发生的事情，我建议你不妨去了解一下好友出于什么原因对你出言不逊。在母亲的劝说之下，她通过和梅尔谈心了解到：当时梅尔喂养的小兔子突然死去，心情十分沮丧，所以难免出言不逊。小雪丽和梅尔经过一番谈心之后，知道了原因，原谅了梅尔，两个小伙伴的友谊更深厚了。

与第一个故事中的妈妈相比，雪丽的妈妈更注重培养孩子宽容的心态。

宽容，就是宽恕容忍，严于律己，宽以待人。一个人只要有了宽容的心态，就能容纳不同的意见，尊重他人的生活方式，允许他人有这样或那样的过失，给他人改正错误的机会。有宽容之心的人一般能与人和睦共处，合作共事，保持良好的社会关系。

我国许多伟人都很重视宽容的品质。如庄子亦说，圣人应有包容天地、遍及天下的宽阔胸怀。我国近代民族英雄林则徐指出，“海纳百川，有容乃大”，一个人善于宽容，他的人格才会像海一样伟大。

那么，家长如何培养孩子的宽容品质呢？

（1）以身示教宽容

教育家马卡连柯曾指出，父母“在开始教育自己的子女之前，首先应当检点自身行为”。作为父母，要想让孩子学会宽容，首先自己应有宽容的心态。如果父母心胸狭窄，无视他人的意见，习惯于将自己的意志强加于人，不给人改错的机会，为一点小事争执不休，为一点小利而斤斤计较，孩子又怎么能学会宽容呢？孩子会受父母的影响，父母有一颗宽容之心，宽容的心态才会再现在孩子身上。

（2）用故事教育孩子

故事是教育孩子的重要手段，国内外有许多体现宽容的小故事，父母可以借此教育孩子。如我国历史典故“负荆请罪”，将军廉颇屡建战功，不服蔺相如以口舌之利居上位，欲加凌辱。蔺相如以国家利益为重，屡次忍辱避让。廉颇知道事情的原委后，深感惭愧，于是，背负荆条，上门请罪，并感叹道：“鄙贱之人，不知将军宽之至此也。”两人终成刎颈之交。此例正是由于蔺相如的宽容避免了内讧，换来了友谊，维护了国家的利益。

（3）用自然景观陶冶孩子

大自然的博大与雄厚可使人心胸开阔，性格开朗，心情愉悦，进而催人产生宽容之心。家长可带领孩子观赏祖国的大好河山，让浩渺的海洋、奔腾的河流、秀丽的湖光山色陶冶孩子的心灵，开阔孩子的视野和胸襟。

（4）让孩子在交往活动中学会宽容

宽容之心是在活动中发展起来的。孩子只有与人交往，才会发现缺点、错误。每个人都有这样或那样的缺点，都要犯些或大或小的错误，只有懂得宽容才能与人正常交往，友好相处。另外，孩子也只有通过交往，才能体验宽容的意义，体会宽容的快乐。如称赞别人的优点，庆贺同学的成功，帮助有困难的同学，采纳别人的合理建议。这些都能使孩子得到友谊，分享别人的成功，并使自己也获得进步。

日常生活中，父母要特别注意引导孩子用宽容的态度，来对待比自己强的同学、比自己差的同学和自己的竞争对手。让孩子不嫉妒比自己强的同学，不嘲弄比自己差的同学，不故意为难自己的竞争对手，引导孩子向好同学学习，帮助差同学，学会与竞争对手合作。

（5）让孩子习惯于“变化”

宽容不仅体现在对“人”的态度上，也表现在对“物”和“事”的态度方面。因此，父母要引导孩子见识多种新生事物，让孩子喜欢，并乐意接受新生事物，习惯于事物发生的变化，乐于创新。如让孩子观察生活的日新月异的变化，允许孩子独辟蹊径地解决问题。孩子一旦习惯于“变化”，也就能“包容”新生事物和事物的变化。

让你的孩子相信自己

一位心理专家说：我好朋友的女儿丽丽上小学二年级了，丽丽在与小伙伴交往时特别不自信，总觉得自己没有别人做得好。前一段时间，班里选班干部，丽丽的票数很多，可她说什么也不愿意当。后来在老师和同学们的鼓励下，丽丽当了班里的文艺委员。可最近由于组织联欢会受到了阻力，丽丽又开始打退堂鼓了。朋友让我帮她想想办法。

丽丽的表现是许多孩子身上都有的一种表现——缺乏自信。

自信，往往是和有抱负、有主见、有韧性、不盲从、不动摇联系在一起的。自信心是一个成功者最重要的心理素质，但它不是天生的，必须由父母从小加以正确引导，使孩子学会对自己充满信心。

有一句教育名言是这样说的：要让每个孩子都抬起头来走路。“抬起头来”意味着对自己、对未来、对所要做的事情充满信心。任何一个人，当他昂首挺胸、大步前进的时候，在他的心里有诸多的潜台词——“我能行”“我的目标一定能达到”“我会干得很好的”“小小的挫折对我来说不算什么”。假如每一个小学生、中学生，都有这样的心态，肯定能不断进步，成为德智体全面发展的好学生。

然而，事实上有相当数量的孩子缺乏自信心，缺乏上进的勇气，本来可能有十分的干劲，也只剩下五六分甚至更少了。长此以往，很难振作起来，成为一个被自卑感笼罩着的人。不但会延迟进步，甚至可能自暴自弃、破罐子破摔。

如何培养孩子的自信心呢？专家建议从以下几点做起：

(1) 通过孩子的实践活动培养自信心

积极支持孩子参加各种各样的实践活动，在实践活动中孩子会得到很多成功的经验，成功的经验累积得越多，孩子的自信心就越强。

(2) 及时肯定和赞扬孩子的良好行为

当孩子有一个好的行为，做成了一点小事，父母都应给予及时的肯定，而不要只在孩子淘气时才注意他，当他表现良好时却视而不见。适当的鼓励，会使孩子的心情变得兴奋而愉悦，孩子也更加容易听从家长的引导。因为幼小的孩子往往是通过别人的眼睛来认识自己的，家长的表扬、肯定、评价，对孩子的志向、情感、行为起着极其重要的作用。人性中最本质的需求其实就是渴望得到赏识、尊重、理解和爱，赏识你的孩子，就会树立孩子对自己的信心，使孩子在“我是好孩子”的心态中觉醒；而一味地抱怨只能使孩子自暴自弃，在“我是坏孩子”的意念中沉沦。不是好孩子需要赏识，而是赏识使他们变得越来越好；不是坏孩子抱怨，而是抱怨使坏孩子越来越坏。

（3）让孩子参与安排家庭事务

如果你能改变一下家庭里的主从关系，偶尔也让孩子来安排一次星期日的游玩计划或节日家宴的菜谱，同时还可以让他参与讨论这些问题时了解家里的经济情况，了解什么样的要求合理，什么样的要求不合理。这时，孩子还能抑制自己不合理的要求。孩子从参与安排家庭事务中能学到许多东西，会更懂事更有主见，自信心也会由此而更加坚定。

当孩子由于某种特殊的原因（生理或心理上的），而陷入自卑的境地，下面的话也许可以起到帮助孩子解脱自卑困境的作用："其实，你完全没有必要自卑。没有比自己瞧不起自己更伤害身心的了，自卑会使你的形容憔悴，使你的人生黯淡，更有害的是销蚀了你生命的活力。"或"你也许有一些弱点，但只要勇敢地面对，仍能使人格健全。"还可告诫孩子："自信就是尊重自己、相信自己，敢于积极地展现自己，痛快淋漓地表达自己，无拘无束地发现自己。这样就促进了自我的发展。始终保持自信的人，在生活中会感到充实而富于吸引力。"

◇ 引导鼓励 ◇

父母要注意培养孩子的独立性，让他们干力所能及的事，鼓励他独立处理遇到的问题。

在家庭教育中，乐观教育是潜移默化的，父母可以在各种情景中培养孩子的乐观心态。

当孩子有一个好的行为，做成了一点小事，父母都应给予及时的肯定，而不要只在孩子淘气时才注意他，当他表现良好时却视而不见。

好父母日常家教演练

1. 当孩子不听话时，你会采用恐吓的方式管教孩子吗?

2. 当孩子在生活中遇到困难时，你会采用何种方式支持孩子?

3. 当孩子做事情遇到困难想要退缩时，你会听之任之还是鼓励他坚持下去?

4. 当孩子与别的小朋友发生冲突或矛盾时，你会持何种立场?

5. 当孩子不够自信时，你会采用何种方式帮助孩子树立信心?

第六章

言传身教，
为孩子塑造优秀的品质

德育是育人之本

“你们太过分了，垃圾丢得满街都是！”一天中午，49岁的环卫女工因为这样一句话，竟然招来一个13岁女孩用鞋底抽打耳光。让人更为气愤的是，女孩的妈妈非但没有劝阻女儿的行为，反而称：“打得好，该打！”

道德是做人的底线，德之不存，何以为人？家庭是道德教育的主要场所，虽然学校老师也会对孩子进行道德教育，但道德是被感染而不是被教导的，课堂上的说教远远不及家庭教育中父母的榜样作用大。

父母要对孩子进行道德教育，首先自己就要行得正，做得端。不可否认，现在社会上的一些急功近利、拜金主义、享乐主义风气不仅影响了处在身心成长关键时期的少年儿童，更影响了家长。一些家长自身的道德修养就不够，更不要说教育孩子了。上面例子中，一个女孩子有这样的行为本来就是不道德的，且不说打人本身就不对，仅仅不尊重人、不尊重长辈就足以受到道德谴责，而妈妈的鼓励更是助长了她的嚣张气焰。女孩的行为应该让人不齿，其妈妈的行为更让人愤怒。也许，她认为教育孩子横行霸道对于孩子将来闯荡社会有好处，但这样的教育会误了孩子一生。

在中国的家庭教育中，孩子的成绩、智力教育常常被看得高于一切。但事实上，一个没有道德而成绩优秀的孩子，比一个有道德而成绩差的孩子要危险得多。分析一些刑事案件就会发现，一些犯罪分子智商并不低，甚至要高于很多人，但他们并没有将自己的聪明才智用于正途，而是用在了犯罪上。究其原因何在？道德败坏。

一个人是否是人才，最重要的一个考核标准是道德品质。所以，父母对孩子的教育，应该将德育放在第一位。所谓教育无小事，道德教育也是同样的。道德教育是一件讲究原则的事情，也是一件充满矛盾的事情。

在这个观念冲突的时代，父母可以做到“传道”，可以做到“授业”，然而要做到“解惑”却并不容易，因为在长远利益与近期利益、在整体利益与局部利益、在个人利益与他人利益、在理想与现实等一系列的矛盾中，在众多的说法和纷繁的观念冲突中，做出判断和选择不是件容易的事情。而道德教育又不得不让人做出抉择，这就需要父母时时注意提高自身道德修养，以严格的标准来要求自己，在日常生活中感染孩子，并及时纠正孩子在道德方面的偏差。

勿以恶小而为之

安徽的一位普通工人孙师傅，家里不是很富有，但夫妻俩老年得子，所以对儿子刚刚宠爱有加。孙师傅平常总给孩子不少零用钱用于购买零食和玩具，每次刚刚考试成绩不错时，还有额外的奖励。但让人想不到的事情还是发生了。有一天，孙师傅发现自己钱夹里的钱好像少了，孙师傅以为自己记错了，也没在意。但是第二天，钱夹里的钱又少了，当问起刚刚时，刚刚表情极不自然，也很慌张。孙师傅看在眼里，疼在心里，心想，反正钱不太多，就算啦，别让孩子受委屈。谁知道，没过多长时间，刚刚母亲的金项链就找不到了，想到前些日子刚刚的行为，孙师傅判断一定是刚刚做的这件事。刚刚回家后，在孙师傅的追问下，才知道事情的原委。原来，学校附近有个摸奖的小摊，刚刚每次下学都去那里摸几把，先开始还能摸个三四等奖，拿到个文具盒等奖品。后来慢慢形成习惯，刚刚每天不去摸奖就像心里少了些什么。刚刚越摸数额越大，可是中奖的概率反而越来越小。身上的零花钱不够，就偷家里的钱，家里的钱偷不到，就抢低年级小同学的钱，最后发展到拿母亲的金项链。孙师傅听后后悔不迭。

“拿”家里的钱算不算偷？这个问题在孩子小的时候也许还有讨论的必要，但是当孩子走入社会时，这些小毛病会发展成什么样的大问题呢？当孩子“神色慌张”地第一次“拿”家里的钱的时候，父亲发觉了，如果能问清原委，正确加以指导，恐怕事情的发展就不会是这样的结果了。当情况变严重后再处理，往往会给孩子带来一生的影响。曾经看过这样一篇报道，在天津市的育新学校又送来七名由于结伙盗窃摩托车而被派出所拘留的工读生。这几个孩子，来自某中学初三年级，其中有几人还曾是班上的尖子生。然而，他们却在人生最好的花季年龄，滑入了犯罪的深渊。

谈起他们的第一次犯罪，似乎都很偶然。出于好奇，追求“刺激”，羡慕骑摩托车的潇洒。R 同学的家庭和许多工薪家庭一样，父母忙于工作，很少有时间过问自己的孩子。在家里，R 没有受到任何的束缚，如其所言：我爸对我没架子，就像哥儿们一样。看到一些同龄人骑着摩托车，R 的心里痒痒的，常想象着那种过车瘾的快感。于是去年暑假的一个夜晚，趁父母入睡后，他悄悄地爬起来，和另一个同学出去偷了一辆摩托车，过完车瘾便将车卖掉。他说，刚开始偷车的时候，纯粹是觉得好奇，够“刺激”，以后，便觉得有钱用很“舒畅”。于是，啤酒屋、歌舞厅、桌球室、外出兜风、网吧，常留下 R 的足迹。他还为自己买了衣服、裤子、鞋子和手表。为了满足自己的好奇心和对物质的追求，他们无所顾忌，连续作案难以收手。R 同学说：“我们专门找那些没牌的车，反正车主也不会报案。”R 同学认为，刚开始想反正就只偷一辆车不会有什么事的，没曾想这犯罪与守法的界线并非以数量来论定。另外两名参与偷窃的同学在小学时曾有过私自拿家里钱的行为，坏习惯的形成有一定的根源。家长没有足够认识，让他们放任自流，结果从家里偷到社会，以致犯罪。

应该说，家长在教育管理自己孩子的过程中，也有值得反思的地方，有失误，也有疏漏，如前面所说的刚刚。造就和谐的家庭气氛，固然有利于孩子的健康成长，然而，这得要把握尺度，一定的教育和限制还是很有必要的。如父子像哥儿们般的相处，很有可能使孩子在接触社会、面对问题时，缺乏慎重的思考而毫无顾忌。作为家长不仅要关心子女的学习、身体，更要随时了解和把握孩子的心理和行为。应该说，在很多情况下，非正常的行为，总有显露端倪的细微处，这是为许多事实所一再证明了的。例如有学生买了衣裤、鞋子甚至手表。父母平时往往也给钱让孩子自己购物，但所给之钱与所添之物大相径庭，这恐怕就应该有所发现。

有些孩子将盗窃的东西带回家，有一位家长曾多次追问东西的来历，也曾花了几个小时了解情况，被儿子一句谎话迷惑，结果不了了之。正如一名学生所说，因为父亲太相信儿子了，没有想到自己的孩子会干蠢事。须知，R 学生在六年级时曾有过在家中私自拿钱的过失，但父母并未追究过，以致“小时偷针，大时偷金”。善良的家长们，该多一份警惕!

当发现孩子有一些小的毛病后，家长不要以为只是件小事而放任不管，而应该采取以下措施进行补救与防范：

（1）家长的态度要克制

不要过于愤怒、失望、吃惊，更不能把这种行为看成你教育的失败或者是对你个人的冒犯。你可以不大声喊叫，但可以非常坚定地表明你的反对态度。对事实不做任何夸大的描述，也不要给孩子贴上“小偷”的标签。要求孩子忏悔、交代问题的做法是不可取的，只会使他被迫编造谎言。他这个时候对父母的爱和信任的需要是比其他任何时候更强烈。当你清楚地知道你的孩子偷偷地从你的钱包里拿过钱时，与其说“你从我的钱包里拿过钱吗”，不如说“我知道你从我的钱包里拿走5元钱，也许你是真的需要而不知道怎样得到。今后你再想买什么东西时，告诉我，我们可以讨论一下”。

（2）要密切注意孩子的行为

一般来说，如果被家长觉察的危险性很高，孩子欺骗、偷窃、撒谎的行为就会减少。所以对于有偷摸习惯的孩子的行为要给予严密的注视，使他们无论何时都感到被发现的危害性。研究表明，凡有类似行为的孩子大多是来自父母全都忙于工作，平常与他们接触较少的家庭。所以父母的关心对于防止孩子偷窃也是必需的。

（3）要给孩子定期提供经费

研究表明，家长完全忽视孩子正当的经济要求，或者轻易给孩子大笔的钱，都会导致孩子以后的小偷小摸行为。学龄阶段的孩子一般都应该拥有因参加家务劳动适度的经济收入，当然它也可以是勤工俭学的报酬。

诚实是孩子最优秀的品质

情景一：洋洋是一个4岁的小男孩。有一天，他不小心打碎了邻居家的花盆。当时邻居家没有人，洋洋就赶紧跑回了家，将这件事告诉了妈妈。妈妈听了后对洋洋说："既然没有人看到，如果有人问你，你就说不知道，千万不能说是你打碎的，要不，邻居会打你的，妈妈还得赔人家花盆。"洋洋按照妈妈的话做了，妈妈夸奖道："洋洋真聪明！"然而，洋洋的妈妈怎么也想不到，从这件事中，洋洋得出了一个结论："妈妈喜欢撒谎的人，以后我不能对她说实话。"

情景二：一个4岁的美国小男孩在和几个小孩玩耍的时候，在邻居家的墙上画了很多画，把邻居家的墙画得乱七八糟的。看到邻居出来，几个小孩一哄而散。

回到家以后，这个小男孩心神不宁，害怕邻居会来找父母告状。吃饭的时候，他不像平时那样吃得津津有味，而是吃两口就抬头看看门口，最后只吃了几口饭就不吃了，跑回自己的房间不出来。

看到孩子的异常反应，小男孩的妈妈想，也许孩子遇到什么事情了。

于是，吃过饭以后，她就温柔地问孩子是不是发生了什么事。在妈妈的循循善诱下，小男孩儿终于告诉了妈妈发生的事情。

妈妈听后，并没有责怪儿子，而是说："孩子，你觉得这件事应该怎么办呢？"

"妈妈，我知道应该去向邻居格林太太道歉。但是，我怕她会骂我。"

"孩子，做错了事就要承担责任，如果你不去道歉，只能说明你是一个不诚实的孩子，而诚实的孩子才是好孩子，你说是吗？"

"嗯，妈妈，你说得对，我应该向格林太太道歉，求得她的谅解。但是妈妈，你可以在门口看着我吗？"

"好的。儿子，去吧。"

五分钟后，儿子回到了妈妈的身边说："妈妈，你说得对，格林太太没有责备我，还说我是个诚实的孩子。"

看着儿子天真的面孔，母亲又说道："孩子，我们把别人的墙壁弄脏了，要怎么做呢？"

"哦，妈妈，我正要说呢，我要去把格林太太的墙壁擦干净。"

从上面两个故事可以看出，在妈妈的影响下，第一个孩子将来肯定不会具备诚实的品质，而第二个孩子则在妈妈的循循善诱之下，逐渐具备了诚实的美德。

《狼来了》的故事从古到今一直在中国流传着。它告诫人们：一个不诚实、爱骗人的孩子，到最后一定会失去他人的信任而被狼吃掉。自古以来，中国就重视孩子的诚信教育，诚信是一个人立足于社会与事业发展的基石。在如今的社会里，人与人之间的竞争日益激烈与残酷，要使孩子立于不败之地，诚信已成为必须具备的一种品质。

那么，父母应该如何去培养孩子的诚信意识呢？父母可以说是孩子的第一任老师，是孩子的启蒙者，在孩子的思想和品德都尚未定格时，父母的一言一行都对孩子起着非常重要的影响。要鼓励孩子善于暴露自己的情感，不论孩子的情感是否正确，都要使孩子明白他不需要撒谎。因此，当您发现您的孩子说谎的时候，千万不要着急、气恼，更不要不分青红皂白地把孩子训斥一通，这样是于事无补的。

有这样一个孩子，他的父亲爱赌博，每次回家以后怕妻子责怪，总是撒谎说干别的去了。孩子耳濡目染，日久便也染上了撒谎的毛病。有时候为了逃学，就会装肚子疼。家长给他钱让他买学习用品，他会骗父母说找回来的钱在路上丢了，其实是买零食吃了。老师通知开家长会，他怕老师告状，撒谎说爸妈都出差了。

由此可以看出，孩子身上的优点或缺点与自己的父母亲有着密不可分的直接关系。假如孩子身边都是诚信的人，孩子就不会学会撒谎，从而成为一个诚信的人，因为周围的环境在影响着他。

父母要能够从细微的地方，以自身良好的言语与行动为孩子树立榜样，给孩子制造诚信的氛围，从小培养他们的诚信意识。

比如，教育孩子不闯红灯、不随地扔垃圾时，父母都应以身作则。父母还应注意不能出尔反尔，父母如果经常言而无信，会使孩子产生不信任感，并且被同化。

父母要让孩子树立诚信的观念，就应注重有意识地引导孩子思考诚信的问题，让孩子懂得什么是诚信，什么是欺诈虚伪，要旗帜鲜明地表扬诚信，批评欺诈虚伪。要培养孩子从小明辨是非的能力。当发现孩子说谎时，应该像上面那个美国小孩的妈妈一样，引导孩子承认与改正自身的错误，对孩子诚信的表现要及时给予肯定和鼓励。

英国作家萨克雷曾经说过这样一句话："播种行为，可以收获习惯；播种习惯，可以收获性格；播种性格，可以收获命运。"孩子的父母便是在孩子诚信人生中播种的人。

王磊是小学一年级学生，聪明伶俐，惹人喜爱，但他却有个毛病：爱撒谎。当他想要一只漂亮的铅笔盒时，他就对爸妈谎称是学校老师要求大家买的；当他去取冰箱里的东西吃，不小心把玻璃杯打碎时，他对父母谎称是家里的那只小猫咪干的；等等，诸如此类的事还有许多。王磊的爸妈惊呼："我们的孩子都成'谎话大王'了，这可怎么办好？"

像王磊这样的说谎现象目前是孩子中普遍存在的一种现象。但孩子说谎的原因多种多样，表现的形式也是不同的。

一是幻想式谎言。这主要发生在幼小的孩子身上。这个年龄阶段的孩子具有很强的"神话编造才能"，他们往往无法分清想象与现实，经常会将自己的想象内容"编"进对现实的描述中。例如，到动物园玩了一天的幼儿回家后，当父母问他在动物园都看到了什么时，幼儿可能会将自己听来的童话里的动物也“放”进动物园，而自己对此可能毫无知觉。严格来说，这种幻想式谎言并不是真正意义上的谎言，家长无须过分担心。

二是夸大式谎言。为了吸引别人的注意，或者为了达到某种效应，孩子常常在真实的故事里“添油加醋”。

三是社交性谎言。成人为了拒绝一些应酬，同时又不伤人面子，会说一些“白谎”。类似的谎言一般不会对他人造成伤害，在生活中比较常见。孩子见多了以后，也会使用这种谎言。

四是补偿性谎言。当孩子没有达到父母或老师规定的目标（例如，语文、数学考试得双百分），又想得到父母的赞美时；或者当孩子并不拥有某些东西，但又想在同伴中保持受崇拜的地位时，孩子往往用谎言来将自己不足的地方“补”上，从而达到自己受表扬的目的。

五是防卫性谎言。这种谎言在孩子身上最常见，而且大多数时候是“被逼”出来的。通常父母、老师对孩子的期望很高，或者父母习惯用严厉的惩罚来管教孩子，孩子为了逃避惩罚，就用说谎来挡驾。

六是逃避任务类的谎言。当孩子面临某些自己不喜欢的任务时，会用谎言来帮助自己逃避责任和任务。比如当父母要求孩子帮忙做家务时，贪玩的孩子会欺骗父母说自己正在做作业，没有时间。

七是报复性谎言。这是孩子情绪的一种表现。当孩子对某人心怀不满时，可能通过谎言来向对方示威和挑战。例如有些孩子对父母的管教不满，当父母问他放学后是否玩过游戏时，明明没有玩过游戏的孩子，可能故意说自己玩过游戏，以此激怒父母。

教育孩子要诚实应该从以下几点做起：

(1) 让孩子知道诚实很重要

明确告诉孩子你希望看到的是事实，向他解释真实是让人们相互信任的前提；父母、老师和同学都希望能一直信任他；有时候，我们每个人都想走捷径，但是，说谎只能给人与人之间的关系以及个人的形象带来危害，等等。

(2) 让孩子感到羞愧和内疚

需要记住的是：你的职责是教育，而不是惩罚。家长可以和孩子一起讨论处理说谎问题的方式和方法，这比仅仅让孩子说声“对不起”更有意义，它可以让孩子明白：不是别人要惩罚他，而是他自己必须对自己的谎言负责。如果孩子想不出什么好办法，家长可以提供几种方案让孩子选择。

心理学研究表明，羞愧感和内疚感远比身体的疼痛感更能给人留下深刻印象。因此，让孩子对自己的行为感到羞愧和内疚是塑造孩子道德行为的有效途径。父母可以要求孩子采取让自己可能尴尬的措施来弥补自己的谎话，如要求孩子当众承认自己的错误并道歉。

(3) 避免给孩子贴“标签”

不要给孩子贴上“谎话专家”“吹牛大王”等标签。尽管有时候成人喜欢用通过给孩子归类的方式来谴责孩子，但它造成的后果则与我们的初衷背道而驰，孩子今后可能会更加“努力”地说谎。

(4) 关注孩子的需要

补偿性说谎缘于没有得到满足的需要。家长应该与孩子结成同盟，和孩子一起来关注、满足这些需要。

如果家庭条件满足不了孩子的需要，应该向孩子说明，并对于孩子的物质需要表示理解，同时，向孩子保证父母会考虑孩子的需要，愿意和孩子一起努力，等等。然后，可以和孩子一起商量和讨论如何通过正确的途径满足自身的心理需要。

(5) 示范诚实

孩子是否在模仿成人？有时候，孩子身上的缺点可能正是我们没有注意到的、自身存在的问题。比如，如果孩子发现自己的爸爸妈妈也常常以说谎来“争面子”，孩子可能会学习这种处理方式。因此，要克服孩子身上的毛病，父母首先要检查自己的行为方式。

(6) 利用这次机会，促进孩子道德发展

当家长发现孩子说谎时，可能感到生气、恼怒和失望。但不要忘记，这也是一个教育孩子的好机会，它可以让孩子明白诚实的重要性。

当发现孩子有说谎行为的时候，不能只将它作为一次性事件处理就完了，而应该和孩子一起讨论道德问题。在讨论过程中，有一点需要注意：当孩子感到自己不是被讨论的对象时，他们会更加愿意接受讨论，也更能说出自己的真实想法。因此，家长可以通过一些虚拟的故事和人物来同他一起讨论。

让孩子学会感恩

情景一："王老师，我想用您的手机给妈妈打个电话。"一个上学忘记带作业本的小孩对自己的老师说道。王老师帮这个学生拨好号码，电话接通了，"怎么还没有把作业本给我送来呀？"这位学生不耐烦地对自己的妈妈说。电话打完之后，这个小孩只把手机放在办公桌上，什么也没有说就转身走开了。

到了中午，学校食堂用餐的人很多，打菜的地方挤满了人。等了很长时间终于轮到王老师了，忽然，王老师看见旁边有个小女孩看起来十分着急的样子，就说："师傅，请先给这个孩子把菜打上吧！"说着便指了指那个小女孩。食堂的打菜师傅照着王老师的意思做了，女孩接过菜盆，转身与王老师擦肩而过时，脸上写着的分明是一种理直气壮。

情景二：在美国，有个11岁的盲女。那一天，是妈妈的生日，她就送给了妈妈一份礼物——一点一点地扎上盲文的生日贺卡。她的妈妈看不懂，就请人翻译，结果妈妈感动得泪流满面。贺卡上是这样写的："亲爱的妈妈，谢谢您把我养大！虽然我看不见您，但我永远爱您，感谢您——妈妈！”妈妈捧着贺卡哭了。她感觉到自己为女儿所付出的一切都是非常值得的。

法国有个七八岁的聋哑女孩。有一天，她自己背着书包去上学，在公共汽车上人比较多，她差点摔倒。这一幕被一位男士看到了，他急忙上前扶了她一把。女孩上了车，刚站稳就向这位男士打起了手势，帮助她的男士并不明白是什么意思。过了一会儿，男士要下车了，女孩连忙跑了过去，塞给他一张小纸条。男士打开一看，只见上面歪歪扭扭地写着一行字：谢谢，谢谢叔叔！

其实，这两个小女孩之所以懂得感恩是与他们父母的言传身教有非常直接的关系的。

在日常生活中，这两个孩子的妈妈经常把“谢谢”这个词挂在嘴边，而且教自己的孩子要学会感谢别人的帮助，即便只是一个非常小的帮助，也要对别人说感谢。这样，孩子耳濡目染，自然就养成了感恩的习惯。

在中国自古以来就有施恩不图报的美德，也有知恩不报非君子、滴水之恩当涌泉相报的古训。感恩是每个人都应该具备的基本道德，也是一个人的起码修养，同时还是人之常情。懂得感恩分享，这不仅是一种礼仪，更是一种健康的心态，也是社会进步、社会文明的充分体现。

现在有些学校特别重视对学生进行感恩教育。他们的感恩教育主要是讲父母养育了自己，自己应该感谢父母，应该如何去感谢父母；老师给予了自己知识，提高了自己的能力，自己应该感谢老师；如果他人关心帮助了自己，自己当然就应该感谢他人，这是无可辩驳的道理。这些看似朴素的感恩教育当中却蕴藏着深刻的人文关怀。

感恩之心是一种美好的感情，没有一颗感恩的心，孩子永远不能真正懂得孝敬父母，理解帮助他的人，更不会主动地帮助别人。不要把别人的好，视为理所当然，一个人应该懂得感恩。凡事习惯于感恩，就会使孩子拥有平和的心态和健康的心理；习惯于感恩，当孩子遇到种种失败、无奈时，都能勇敢地面对，豁达地处理；习惯于感恩，能诠释生命中的挫折与不幸，创造生命中的奇迹。

邓女士的儿子郑洋已经上小学四年级了，或许是遗传了爸爸的基因，郑洋长得比同龄孩子要高出半头，加上他的浓眉大眼和大大咧咧的性格，活脱脱一个小霸王的形象。但奇怪的是，在老师、父母、邻居眼中，郑洋是一个特别懂事的孩子。说起郑洋对他爸爸妈妈小大人似的关心和体贴，邓女士的同事们都羡慕不已，大家纷纷向邓女士取经。

邓女士笑着说："其实也没什么，重要的是要让他有感恩的意识，咱们做父母的不能对孩子除了疼爱还是疼爱，只是一味地付出，让孩子觉得你的无休无止的付出和他的无休无止的索取都是理所当然的。现在孩子小还好说，等他带着这种意识长大成人后，就有咱们好看的了。"

确实，对于父母工作中的辛苦，邓女士和丈夫都有意识地让郑洋看到，在自己劳累的情况下，郑洋能干的事情就尽量让他代劳。同时，工资收入等情况也都让郑洋了解，让他知道他买东西花的钱不是从天上掉下来的。平常看电视看到相关话题的节目，邓女士与丈夫也是不失时机地向郑洋灌输懂得感恩的观念。

邓女士很欣慰，自己的努力没有白费。

现在的孩子在父母无微不至的呵护与关爱下，所有的事情都不去干，在潜意识里就形成了这样一种观念——父母所做的一切都是应该的，不用回报。有些父母对孩子不知感恩不以为然，他们认为孩子还没长大，以后长大了自然会懂得的，这样就形成了一种现象：父母为孩子任劳任怨，孩子却毫无感激之情，甚至还认为这是应该的。尊老爱幼、孝敬父母作为良好道德修养的重要组成部分被忽视了。父母的付出、他人的帮助和关怀在孩子眼里变得理所当然，谈不上什么感恩。孩子不懂得爱父母，更不会体会到父母的辛苦，一旦孩子的要求得不到满足，就会怨恨父母。所以，父母如果爱孩子，就要让他们从平常的生活小事中感觉到爱，在爱中领略被爱。当孩子渐渐长大，在遇到困难和挫折时，才会怀有一颗感恩的心。感恩是一种爱的表达，可以使人感到愉悦和温暖。让孩子拥有一颗感恩的心，学会感恩，就不会一味地怨天尤人，才有信心去面对生活的挑战。一个不知感恩父母的人，就更不可能感恩别人了。

感恩教育需要父母有意识地去教育孩子。如果父母只知道奉献，而不知道把自己的劳动与付出呈现给孩子，孩子也就无从感受到父母和社会对他的爱。让孩子学会感恩，就是教他们懂得尊重他人，对他人的帮助时时怀有感激之心，而不是忘恩负义，从而让孩子生活得更美好。

父母培养孩子的感恩品德，要注重以下几方面的培养：

（1）让孩子知道人人都是平等的

父母在待人接物方面要做到公平、公正，使孩子感受到父母品德的力量，逐渐使孩子懂得尊重他人的劳动、尊重他人的人格，进而达到感恩父母、感恩社会、感恩祖国。

要想让孩子从小学会感恩，父母要让孩子感觉到家里人人都是平等的，孩子并没有什么特殊性、优越性。

(2) 让孩子学会自理

要让孩子学会做一些力所能及的事，体会劳动是辛苦的，享受劳动成果是快乐的。

(3) 让孩子学会理解他人

感恩之心产生于理解，一个不能正确认识自己、狂妄自大的人是不会有感恩之心的；一个不能正确理解他人善意的人也是不会有感恩之心的。

(4) 不能对孩子百依百顺

一些父母对孩子的要求百依百顺，特别是在物质上不断满足。过分的宠爱、无休止的满足，渐渐地使孩子养成了自私自利、任性乃至放荡不羁的个性。他们自负地认为自己无所不能。因此，培养孩子感恩的品质，就不能对孩子百依百顺，要让他们知道自己现有的一切都是父母的劳动得来的。

(5) 多用"谢谢"这个词

在生活中使用频率最高的词应该是"谢谢"，父母应该让孩子感谢身边值得感谢的一切，即使是递张纸这么简单的事，也要真诚地说一声"谢谢"。

(6) 学会分享和给予

常言道："施恩于人共分享。""送人玫瑰，手留余香。"人生在世，要学会分享和给予，养成互爱互助行为。给予越多，人生就越丰富；奉献越多，生命才更有意义。

建立孩子的责任感

玲玲今年已经读小学五年级了，可是却还像小孩子一样，凡事都要父母再三叮嘱，否则就不会主动做好。例如早上，一定让父母多次催促才会起床；衣服不替她准备好，她就不知道该穿哪一件；早饭，父母不催促就吃得很慢，以致上学迟到；文具经常忘在家里，还要麻烦父母送到学校。最让父母生气的是，她做事没有责任感，不是经常推说忘了，就是虎头蛇尾。每次父母批评她，她都能接受，但事情过后，又故态复萌，父母为此整天抱怨没有办法。

班主任赵老师为了鼓励玲玲，让玲玲当了小组的组长，负责值日时的卫生和平常小组人员的纪律管理。谁知，没过几天，玲玲就被小组全体组员“弹劾”了，原来，玲玲每到值日那天，总忘记安排分工任务，结果，竟然连黑板都没有擦。还有一次，组里的调皮大王去揪前排长辫子女生的辫子，玲玲虽然看见了，却什么也没说，气得长辫子女生大哭起来。组员们一致认为，玲玲没有尽到组长的责任，要求重选小组长。玲玲看到同学们这样批评自己，也急得哭啦。一边哭一边委屈地说：“我真不知应该怎么做呀？”

玲玲的例子反映了她的依赖心，没有责任感，这在现实中经常可以看到。很多父母埋怨现在的孩子依赖心理特别强，而应变能力及处事能力特别弱，不仅无法替父母分担事务，即使连日常生活如起床、上学、做功课等，都要父母的催促督导，否则就会拖延、偷懒。

事实上，孩子做事没有责任感，主要是父母没有给孩子承担责任的机会，没有让他去承担不负责任的后果。例如孩子早上因赖床而上学迟到，那么他就应当承担被老师责罚的后果，而不能将责任推卸给父母。当然，在此之前，父母必须先教孩子如何主动早起，并给他一段学习与适应的时间。例如给孩子一个闹钟，并教他如何使用，然后告诉他主动起床的原因及必要性。或是和孩子约定，父母固定在几点钟时叫醒他，如果他不愿意立即起床，父母将不会再继续催促他，后果将由他自己负责。为了帮助孩子顺利养成主动早起的习惯，父母可在晚上提醒孩子早点睡，并且事先和学校老师取得联系，让老师了解你的用意并能够配合你。

同样的，孩子因早餐吃得太慢而迟到，主要是孩子缺乏时间概念，因此父母应当先教孩子如何分配及运用从事各项事务的时间。在适应阶段里，父母可以协助孩子订立时间计划表，并提醒孩子是否动作太慢，是否超过了预定的时间，过了一段时期后，父母就无须再督促孩子。

至于这篇案例中忘了带文具去学校这类事，虽然是很多孩子常犯的毛病，但是如果父母随时替孩子做“限时专送”的工作，久而久之，孩子也会养成依赖的心理。因此，父母不妨指导孩子准备一个记事本，每天放学后在上面登记明日要携带的文具，第二天上学前再检查一遍，养成习惯后自然就不会健忘了。

培养孩子的责任心，可以训练孩子从养成良好的生活习惯做起，具体可从以下方面做起：

(1) 有意识地交给孩子一些任务，锻炼孩子独立做事的能力。随着孩子年龄的增长，爸爸妈妈要逐步教孩子自己的事情自己做。做之前提出要求，鼓励孩子认真完成。如果孩子遇到困难，家长可给予指导，但是一定不要包办代替，让孩子有机会把事情独立做完。

(2) 鼓励孩子做事情要有始有终。孩子好奇心强，什么都想去摸摸、去试试，但是随意性很强，做事总是虎头蛇尾或有头无尾。所以交给孩子做的事情，哪怕是很小的事情，爸爸妈妈也要有检查、督促以及对结果的评价，以便培养孩子持之以恒、认真负责的好习惯。

(3) 可适当地让孩子了解一些父母的忧虑和难处，提出一些问题，引导孩子独立思考和选择，大胆发表自己的见解。让孩子感到家庭的美满幸福，要靠爸爸妈妈和自己的共同参与，进而增强孩子对家庭的责任心。

(4) 鼓励孩子勇敢地承担责任。例如，孩子跟着爸爸妈妈在朋友家做客，不小心损坏了物品。这时应该让孩子知道，是由于自己的过错，才造成了这种后果，应当给予赔偿。之后一定要带孩子一起买东西去朋友家道歉。

每一位父母都是爱子女的，但是在慈爱的态度下，还必须有坚决的行动相配合，才能使教养的方法落实于生活中。

◇ 塑造优良品质 ◇

父母要让孩子树立诚信的观念，就应注重有意识地引导孩子思考诚信的问题，让孩子懂得什么是诚信，什么是欺诈虚伪，要旗帜鲜明地表扬诚信，批评欺诈虚伪。

让孩子拥有一颗感恩的心，学会感恩，孩子就不会一味地怨天尤人，才有信心去面对生活的挑战。一个不知感恩父母的人，就更不可能感恩别人了。

交给孩子做的事情，哪怕是很小的事情，爸爸妈妈也要有检查、督促以及对结果的评价，以便培养孩子持之以恒、认真负责的好习惯。

好父母日常家教演练

1. 你更重视孩子的学习成绩还是道德品质？

2. 你能兑现给孩子许下的诺言吗？如果不能，你将采取何种方式面对孩子的质疑？

3. 当孩子撒谎时，你是否会思考孩子撒谎的根源？

4. 你会告诉孩子你为他的付出和牺牲吗？

5. 如果孩子做事有始无终，你将如何培养他的责任感？

第七章

用爱呵护，
给孩子一个健康的心理

帮助孩子战胜嫉妒心

黄蕾和小奇原本是一对很好的朋友，两个人从小就在一个幼儿园，两家住得也很近，现在上小学又在同一个班，整天形影不离，晚上放学回来一起做作业，有喜欢的玩具也一同分享。

但最近黄蕾的妈妈发现，女儿对小奇好像有些反感，平时放学也不和小奇一同回家，写作业也一个人在家写，不去找小奇。小奇过来玩，黄蕾也是不理不睬的，妈妈很奇怪。

这天放学后，黄蕾又是自己一个人回来的，然后就不声不响地回到自己的房间写作业。过了一会儿，电话响了，妈妈接起来后，是小奇打来找黄蕾过去写作业的。

“蕾蕾，小奇打给你的电话。”妈妈喊黄蕾出来接电话。

“不接，就说我没在家。”黄蕾闷闷地说。

“怎么了蕾蕾？”妈妈握着电话不知道该怎么说。

“说了不接，真是的。”

“对不起呀小奇，蕾蕾今天不去了。”妈妈只好这样告诉小奇。

放下电话后，妈妈走进了黄蕾的房间，黄蕾坐在椅子上，手里玩着铅笔一声不吭。

“为什么不理小奇了，是生气了吗？”妈妈和蔼地问女儿。

“没有呀。”黄蕾不想和妈妈说。妈妈见蕾蕾不太愿意说，也没有勉强她。

晚上吃饭的时候，一家人边吃饭边看电视，这时候，一个频道里的电视主持人正在为第一批戴上红领巾的小学生举行庆贺活动。忽然，黄蕾一撇嘴，一脸的不服气：“这有什么了不起的。”说完，站起来伸手就拿起遥控换台。

黄蕾的妈妈忽然明白了，原来小奇是她们班里第一批戴上红领巾的学生，而黄蕾却与此无缘，多年的好朋友出现了不平等。于是黄蕾因为小奇比自己早戴上红领巾而嫉妒小奇，不愿与小奇交往。

可黄蕾虽然疏远小奇，却还密切关注着小奇的一举一动，唯恐小奇在某方面超过自己，怪不得前几天黄蕾回来说小奇迟到被老师批评了，她还因此而高兴了一整晚呢。

生活中因嫉妒而发生的事比比皆是，黄蕾的例子就是其中之一。

嫉妒是恐惧或担心他人优于自己的心理状态，是在他人某些方面比自己占优势之后，试图削弱或排挤对方的一种带有攻击性的消极个性品质。表现为不承认别人的成绩和进步、贬低甚至诽谤他人。嫉妒主要由于缺乏自信和心胸狭隘所致。中小学生嫉妒心理不仅有碍于人际关系的和谐、破坏同学的友谊，而且也是个人身心健康的大敌。

当然，嫉妒的范围也是很广的，包括嫉妒人、嫉妒事、嫉妒物。手段也多种多样，有的挖空心思采用流言蜚语进行恶意中伤，有的付诸手段采取卑劣的行动。

事实上，嫉妒心本身就是一种自私的表现，它会使人在处理问题时完全以自己为中心、情绪化、反应强烈、自控力差、缺乏理性，使人很难对事情的利弊做出恰当的判断。

嫉妒对个人、集体和社会均起着耗损作用，是一种对团结友爱非常不利的情感。这种缺点如果保留到长大以后，那么孩子就很难协调与他人的关系，很难在生活中心情舒畅。所以对于家长而言，要注意纠正孩子的嫉妒心理。

嫉妒是心灵的蛀虫。要想成为一个心地正直、品格高尚、受人欢迎的人，要真正发挥自己的创造才干，那就要跟嫉妒心理告别。

孩子出现了嫉妒心理和行为，父母该如何对待？专家给了如下建议：

（1）帮助孩子提高自我认知能力（治标）

帮助孩子提高自我认知水平，发展孩子的内省智能，是克服嫉妒心理的基本途径之一。有些家长一旦发现孩子嫉妒心强，就很生气，故意在他面前说：“某某比你强多了，你应该向他学习。”但是这样做只能加深孩子的嫉妒心，使他对别人又怀有敌意。正确的做法是，家长首先应该跟孩子讲清每个人都有长处和不足。如果家长平时能做到这一点，等于是在给孩子的嫉妒心理打预防针。随着孩子认知能力的发展，他会知道每个人的能力都是有限的，他不可能什么都比别人强。

为人父母者也可以先拿自己做例子，然后再帮助孩子冷静、客观、正确地认识自己，分析事情的原委，让孩子倾诉他的内心情感，把嫉妒之火发泄出来，使嫉妒在轻松、愉快的气氛中降温，以至渐渐消退。这种方式孩子就比较容易接受，嫉妒心的克服也比较有效。孩子如果能学会经常这样去想问题，嫉妒心理就会慢慢打消，而且能够客观地评价自我、评价别人。

(2) 培养孩子的移情能力（治本）

自我认知能力较强的孩子，也比较容易培养移情能力。移情简单地讲，就是能设身处地为别人着想，也就是人们常说的换位思考。换位思考是孩子心理成熟的重要标志，心理成熟的孩子才会自我排解嫉妒心理。

(3) 让孩子多参加竞赛型游戏

家长可以鼓励孩子多参加一些竞赛游戏，比如，飞行棋、国际象棋等棋类游戏。针对处在嫉妒心态中的孩子，游戏的功能就在于，能让孩子多一些体验成功与失败交织的矛盾感受，多经历一些这样的心理上的矛盾冲突，可以锻炼孩子的心理调适机能。

开始，家长可以一边教孩子学习游戏规则，一边和孩子一起玩。然后，试着鼓励孩子跟其他小朋友一起玩。孩子赢了比赛，家长可以在和孩子一起开心的时候，多问问孩子，为什么会赢，一个人会一直赢吗？当孩子输了，家长不要先表现出很难过的样子，应该尽量平静，让孩子明白，比赛中输赢都很正常。输了可以再赢，赢了也可能再输。

(4) 要帮助孩子树立自信心

心理学家认为，缺乏自信心，自卑的人更容易产生嫉妒心。

因此，帮助孩子树立自信心，对自己有个正确的评价无疑是医治嫉妒的良药。

（5）培养孩子宽阔的胸怀

当孩子跌倒，被扶起后仍然痛哭不已，母亲便在孩子摔倒的地方重重踩几脚，说："踩死你！谁叫你摔痛我的宝宝！"孩子即刻破涕为笑。这看起来是小事，许多父母都这样做。可是这样一来，孩子便会觉得这不是他的错误。孩子摔倒本是他自己的过错，你这样做无疑是叫他转移心中的怨恨。正确的做法应该是告诉孩子："没什么！宝宝真勇敢！"从小培养孩子宽阔的胸怀。

（6）培养孩子分析思考问题的能力

如果家长设法使自己的孩子养成分析问题、研究问题的习惯，孩子的情感就会不断丰富，心理就会日趋成熟。这时，即使孩子对某人产生了嫉妒心理，也会很快被理智的思考所抑制。

（7）要引导孩子能接受别人的成功

俗话说："天外有天，人外有人。"不能夜郎自大。当别人成功时，要能接受这个现实，虚心向别人学习，这是一种胸怀，也是一种高尚的品质。有时，孩子在产生嫉妒心理时，还会伴有自卑感，对自己的能力产生怀疑，父母应该有意识地教导孩子，成功的快乐是多方面的。

带孩子走出脆弱的泥沼

在某省重点中学初二某班自习课上，有不少同学在吵闹，教室里显得很乱，只有张宏仍在学习。突然，班主任老师推门进来，这时坐在张宏前面的郑强正转过头来和后面的肖洋说得激烈，张宏被夹在两个说话人的中间很不舒服。结果老师径直走到张宏面前："上自习课怎么能说话，你不学习还影响别人的学习。"张宏刚想向老师申辩自己没有说话，没想到老师立刻说："你不是学习的料，不会学好的。星期一到政教处报到吧。"张宏以为要开除他，而且认为老师当着全班同学的面这样评价他，感到自尊心受到了莫大的打击，反反复复就是想不通自己为什么要受到这样的不白之冤，又想到被开除后没脸见父母，张宏感到无比恐惧。

晚上7点多，他在校外的一家药店买了10片安定片，想吃药自杀，以证明自己的清白。幸亏在课间操时，同宿舍的几名学生发现张宏躺在床上昏迷不醒，拨打了"120"急救。经抢救，张宏脱离了生命危险，避免了惨剧发生。

张宏自杀事件，显示了其心理素质之脆弱。因为经不起一点挫折，受不得一点压力，烦躁、焦虑、沮丧，心理失衡一下子就发展到难以自控的程度。他们像陆地缺少植被一样，内心深处也是一片荒漠。生活中经常会看到像张宏这样的例子：仅仅为了一点小事，就伤心落泪；因考试分数不理想，或者因为家长、老师批评了几句，就离家出走；因被人误解，还会产生轻生的念头。如此多的现象及后果实在让人痛惜。

性格，往往能表明一个人的本质和典型的特征。一般来说，孩子从小学阶段起就能表现出明显的性格特征，如坚强或脆弱，勇敢或怯懦，勤奋或懒惰，直率或拘谨，诚实或虚假等。性格的形成，对于孩子今后的学习、成长，甚至将来事业上的成就，都有很大的关系。比如说，性格脆弱的人，往往缺乏开拓、创新的气质，这似乎可以说是一条规律。

有的家长认为，性格是天生的，俗话说“禀性难移”，再下功夫培养也无济于事。这种看法是很不全面的。性格的形成固然有其生理基础，但主要还是在生活实践中和生活环境中形成和发展起来的。具体来说，家庭的影响和教育、学习和工作的实践，以及一个人的经历，在性格形成中起着决定性的作用。对孩子性格的最初影响，主要是家庭。

父母的情感态度对孩子性格的导向作用十分重要。现代父母的情感流露比以往更明显，频率和强度更高，这样会使孩子变得非常脆弱，在娇宠中变得批评不得，甚至父母的声音稍高一点，孩子也会因此受挫而大哭不止，显示出脆弱的性格特征。一般情况下，娇气脆弱的孩子常缺乏足够的心理承受力，一旦受到挫折极易出现心理障碍。

再则，如今独生子女多，父母的悉心照顾表现在各个方面，如替孩子包办的事情过多，对孩子的正常活动限制过多等。这些过分“担心”的心理，不可避免地通过言行举止显露出来，对孩子起到暗示作用。不少父母在孩子想参加某项活动之前，总是向孩子列举种种危险，结果使孩子产生恐惧的心理，并因此畏缩不前。年龄愈小的孩子愈容易接受暗示，父母的性格特点极易潜移默化地传导给孩子。

现在的父母还往往把孩子的身体健康寄托在各种食品和药品上，而不是让孩子在阳光、新鲜空气和户外运动中锻炼身体。一般来说，体弱多病与性格懦弱之间有着一定的内在联系，因为患病儿童会受到父母更加细心的照顾和宠爱，从而成为助长软弱性格的温床。这种保护过度的育儿方式，会使孩子的性格具有明显惰性特征，表现为好吃懒做，好静懒动，缺乏靠自身能力解决问题的内在动力。

如何针对孩子脆弱问题，来帮助孩子保证孩子的心理健康呢？

（1）家长要注意及时发现孩子出现的心理问题

据一位心理咨询工作者说，最令他们感到痛心的是，相当多的问题孩子是在有关问题已经十分严重时，才被送来咨询。这一方面表明我们的心理咨询机构工作展开尚未全面、普及，另一方面也反映了我们的家长只重学习成绩，缺乏对孩子心理健康教育的重视和科学手段。

从表面上看，孩子的问题是学业问题或由学业引起的相关的行为问题，但其中隐藏着的却往往是学校和家庭教育的误区。家长没有科学正确的家庭教育观念和方法，不注意孩子心理品质和素养的培养，造成孩子心理承受力差，受不起挫折失败；学习无动机或动机失当，使学习动力缺失或难以持久，即使一时不出现问题，但时间一长，必定漏洞百出。这时，如果小洞不补或小洞乱补，等小洞成为大洞难补时，后悔就来不及了。

（2）父母的关怀十分重要

其实，人的心灵更需要关怀。一个心智健全的人才有可能获得进一步发展，试想，如果心灵残缺了，又怎能有所成就呢？也许他连成为一个普普通通的正常人都成问题。这一点，是所有教育者和家长需要谨记的！

让孩子学会尊重

一位中年妇女带着一个小男孩走进位于美国纽约曼哈顿的著名企业“巨象集团”总部大厦楼下的花园中，在一张长椅上坐下。这位妈妈似乎很生气，不停地教训着小男孩。离他们不远的地方，有一位头发花白的老人正拿着一把大剪刀，修剪着花园里的低矮灌木。修剪过的一排灌木丛非常整齐漂亮。

忽然，这位妈妈从随身携带的挎包里揪出一团卫生纸，随手扔到了刚修剪过的灌木上，破坏了灌木的美感。正在修剪其他灌木的老人看见了，诧异地转过脸看着小男孩的妈妈，而她也满不在乎地看着老人。老人什么也没说，默默地走过去，捡起那团纸扔进了一旁的垃圾桶里，然后继续修剪灌木。

过了一会儿，小男孩的妈妈居然又从挎包里扯了一团卫生纸，扔到了灌木丛上。小男孩惊讶地问：“妈妈，你要干什么？”妈妈朝他摆了摆手，示意他不要说话。这次，老人还是默默地捡起了那团纸，扔进了垃圾桶里，然后又继续工作。可是，老人刚拿起剪刀，小男孩的妈妈又扔了一团纸……就这样反复了六七次，老人每次都轻轻地将纸捡起来扔进垃圾桶，丝毫没有表示出厌恶和鄙视的神色。

小男孩的妈妈指着修剪灌木的老人对儿子说："我希望你明白，你如果现在不努力学习，将来就会跟这个老园工一样没出息，只能做这些卑微、低贱的工作！"原来小男孩的妈妈扔了那么多纸是将老人当作活教材来教育儿子要好好学习，免得将来做这些低贱的工作。

一直在专心修剪灌木的老人听见了小男孩妈妈的话，停下手中的工作，走到她面前说："夫人，这里是巨象集团的私家花园，按照规定只有集团员工才能进来。"

小男孩的妈妈傲慢地掏出一张证件冲着老人扬了扬，说："我是巨象集团所属一家公司的部门经理，就在这座大厦里工作。"

老人停了一会儿说："我能借你的手机用一下吗？"

小男孩的妈妈有些不情愿地将自己的手机递给了老人。老人拨了一个号码，简短地说了几句话，就将手机还给了小男孩的妈妈。她收起手机，又对儿子说："你看这些穷人，这么大年纪了连个手机也买不起，你一定要努力学习啊！"

这时候，小男孩的妈妈忽然发现巨象集团人力资源总监匆匆忙忙地向自己这边走过来，她笑着准备跟他打招呼，没想到总监却径直走到了那位修剪灌木的老人面前，毕恭毕敬地站好。老人指着小男孩的妈妈说："我现在提议免去这位女士在巨象集团的职务！""好的。总裁先生，我立刻按照您的指示去办。"

接着，老人走到小男孩面前，抚摸着小男孩的头，意味深长地说："孩子，我希望你明白，虽然你要学习的东西很多，但你必须学会尊重每一个人。等你真正理解并学会怎样尊重别人的时候，你带着你的母亲再来找我。”说完，老人又拿起剪刀，继续去修剪灌木了。

有人说：“骂别人就是借别人的口骂自己，打别人就是借别人的手打自己。”换而言之，鄙视别人就是通过别人来鄙视自己，尊重别人也就是尊重自己。上面这个故事形象地阐明了这个道理。

每个人都有自尊，无论是孩子还是成人都竭力想要维护自己的自尊，然而别人的自尊却往往容易被我们忽视。在待人接物上，有的人习惯以职业、地位、身份、收入、外貌、身体健康状况等外在因素将人分出高低贵贱，区别对待。

一位妈妈带孩子去超市买东西，从入口进去的时候，她忘了推购物车。进入超市卖场之后，看见一位超市员工推着三辆购物车，就走过去对他说：“喂！给我腾出一辆购物车。”超市员工见这位妈妈态度傲慢，便不耐烦地说：“我这些都是要用的，你自己去找。”这位妈妈一边拉着孩子走开，一边生气地说：“切！你凶什么凶，不过是个小小的服务员。”超市员工忍着怒气走开了。这一切都被孩子看在眼里。购物出门之后，妈妈带着孩子回家。在路上，孩子一边走一边吃零食，还把零食袋扔在路上。清洁工人看见了，就劝孩子：“小朋友，垃圾要扔到垃圾桶里。”孩子不屑地说：“我要是都扔到垃圾桶里了，还要你们做什么？”

一个人无论从事的是什么职业，无论他收入如何，无论他身体状况如何，他都希望得到别人的尊重。尊重是一种美德，值得传承。如果父母或者亲朋好友中有人不尊重那些身份、地位、条件比自己差的人，那么孩子看得多了，也学会了不尊重他人。

比如，父母经常表现出对金钱、物质享受的羡慕和崇拜，那么孩子也会形成对金钱、物质的崇拜，从而对那些有钱的同学另眼相看。在学校里，同学之间相互攀比的现象很普遍，如果孩子的同学中谁有缺陷，经常被其他同学谈论，那么孩子也可能会跟着一起嘲笑这个同学的缺陷；如果老师不喜欢某个学生，那么孩子很有可能也会冷落这个同学。孩子看到社会上一些人看不起身份、地位低微的人，那么孩子也会瞧不起那些职业不够光鲜、地位并不显赫的人。比如社会上有些人认为清洁工是低贱、卑微的职业，瞧不起他们，孩子们因而也瞧不起这些清洁工。

学校里同学之间的攀比、某些老师的看法、社会上其他人的看法，家长都无法管控，但家长可以管好自己，通过自己的言传身教，告诉孩子："每个人不论家庭背景、职业、地位、钱多或钱少、成绩好或者坏、健康或者残疾……都是平等的，我们要尊重他们。你给予别人尊重，别人才会尊重你，所以尊重别人也就是尊重自己。"

尊重是一种修养，一个人在对待他人时，无论对方是谁，都给予尊重，那么他无疑是有修养的。

有位妈妈是高级工程师，她经常在小区里碰到一位收废品的外地人，每次她都微笑着跟这位外地人打招呼。外地人有些受宠若惊，因为小区里住的都是这个城市的精英人群，很多人对他视而不见，而这位女士是唯一主动跟他打招呼的人。孩子问妈妈："妈妈，为什么其他人都不理这位收废品的叔叔呢？"妈妈说："因为有些人认为自己的身份比他高贵。"孩子接着问："那妈妈认为自己的身份不比叔叔高贵吗？"妈妈说："是的，我们都是平等的。这位叔叔收废品是在工作，妈妈做工程师也是在工作，我们都是工作者，所以我们是平等的。”妈妈接着说：“如果我们的条件比别人好，那么我们要尊重别人，不能瞧不起他们；如果我们的条件比别人差，那么我们要尊重自己，不能自己瞧不起自己。你明白吗？”孩子点点头。

这位妈妈用行动告诉孩子：人都是平等的，身份、地位并不能成为判定一个人是高贵还是卑贱的依据，她教给了孩子尊重。

尊重是一种心态，如果孩子习惯于外在条件的比较，那么在碰到比自己条件好的人时，就会产生自卑、羡慕、嫉妒等心理；碰到条件比自己差的人时，又会产生高人一等、妄自尊大、目空一切、傲慢的心理。无论是哪种心理都不利于孩子的健康成长。而抱着众人平等、尊重他人心态的孩子，则能做到宠辱不惊、保持情绪的稳定和心态平和。所以，父母要教孩子学会尊重他人。

父母是孩子的榜样，要教孩子尊重他人，父母首先要做到。处于人之下，尊重自己，不谄媚，不逢迎，不妄自菲薄；位于人之上，尊重他人，不嘲讽，不贬斥，不妄自尊大。

尊重体现在日常生活的点点滴滴之中：孩子跟年长者接触时，不管熟悉或者陌生，给予尊称而不是直呼其名，是尊重的体现；在商场里，看见清洁工人正在拖地，孩子连忙绕道，以免弄脏了刚刚拖干净的地面，是尊重的体现；孩子跟父母、长辈说话或者提要求时，不乱发脾气，语气平和，是尊重的体现……

尊重是一种习惯，不是一朝一夕能够养成的，所以父母要善于利用点点滴滴的小事，教导孩子尊重他人，尊重他人的劳动。

克服孩子的害羞心理

吕静是个聪明好学的女孩，最大的问题是“害羞”。她上课时几乎从不举手发言，也不喜欢参加学校的集体活动。平时说话的声音小得像蚊子，让人根本听不清她在说些什么；课间休息的时候也很少见她和同学一起“疯”，总是静静地坐在那里看课外书，或者干脆坐在那里发呆。有一天，在语文课上，老师点名让她朗读课文，她犹豫半天才站起来，而且满脸涨得通红，半天没有说出一个字来。平常念得很熟的课文，现在怎么也念不出一个字，老师看着面红耳赤的吕静，无奈地摆摆手，让她坐下。坐在位子上的吕静终于松了口气，可是想到刚才的情形，眼泪一下子涌了出来，自己那篇课文在家念得可好啦，为什么刚才却一个字也说不出呢？吕静的内心充满了苦恼。

像吕静一样，很多孩子都有害羞的特点，多数人“有点害羞”并不妨碍他们的发展和生活。一般说来，随着孩子对人、环境的熟悉，害羞的感觉会有所消退。如果没有其他的问题出现，害羞的孩子也不太会产生危险的心理和行为问题。因此，对于那些程度不特别严重，只在较短一段时间内存在的“害羞”行为，家长没有必要过于担忧。如果孩子的“害羞”相当严重，而且既不是只在某些特殊情境，也不是只在一段较短的时期内出现，那么就有一定的危害性。

孩子“害羞”的原因大致有下面几种：

一是父母的影响。有证据表明，那些父母有“害羞”倾向的孩子往往更易害羞。

二是发展因素。在成长的某些特殊的阶段，孩子会特别容易害羞。

婴幼儿阶段，孩子对父母有强烈的依恋，对陌生的成人有种“害怕性”的害羞。这个时期的孩子往往会害怕见到陌生人，不敢跟陌生人交往。

学龄前阶段，孩子自我意识的发展会使得他们容易出现“自我意识性害羞”。因为自我意识的发展提高了他们的社会敏感性，使他们觉得自己总处于别人注意的中心。

青少年阶段，随着自我意识的发展达到顶峰，这种“自我意识性害羞”也会显得更加明显。这个时期的孩子会出现迫切想表现自我，同时又害怕别人注意的矛盾心理，这种矛盾心理会促使其时刻都感到“害羞”、不知所措。

三是缺乏社交锻炼。害羞的孩子往往缺乏社交技巧。与那些个性孤僻的孩子不同，害羞的孩子内心其实也渴望能和同伴一起嬉耍，只是他们不得其门而人，因为他们缺少社会交往经验。

四是自卑。有些人感到自己在相貌、才能、社交技巧等方面不如别人，因而产生逃避和自我保护心理，并以“害羞”的行为方式表现出来。

同时，一些人也会因为自己的“害羞”而变得更加自卑，这样，就陷入了相互加重的恶性循环之中。

五是不愉快的经历。过去不愉快的经历或重大的交往挫折造成的心理障碍，是导致一些人害羞的原因。

帮助害羞的孩子建立自信自尊是关键的一步。

第一，有意“忽视”孩子。不要经常提示或挑剔孩子，以免加重孩子的害羞和畏缩心理。要让孩子在完全自我放松的情境中行事。

第二，帮助孩子显示自己的才干。害羞缘于对失败的恐惧，而“拿手戏”容易产生成功的体验，特殊的才能可以增强孩子的自信。父母可根据孩子的兴趣爱好来培养孩子的一些特长，同时给孩子提供一些展示特长的机会。

第三，现身说法。让孩子确信，很多人在新的情境下都会对自己的行为没有把握。

害羞的人总是认为：在一些场合，他是唯一心跳加快的人，或者除了自己外，其余所有人都知道如何与陌生人交往。如果害羞的孩子知道每个人都有害羞的时候，就能感到宽慰一些。如果有一个人能够“现身说法”，能向孩子示范他是如何消除自己的紧张和羞怯的，孩子的收获就会更大。

第四，培养孩子的社交技能。与受到同伴拒绝的孩子不同，害羞孩子的社交问题不在于“维持友谊”，而在于“发起友谊”。他们往往是在面对新人或者新环境时，不能或者不愿意跨出第一步。

因此，可以教给他们一些“开始”交往的技巧。如，训练孩子在见到熟人时，能第一个微笑并问候“你好”；教会孩子一些“开场白”（“我可以和你们一起玩吗”）。

害羞的人在与他人交往时，总是专注于自我，心中不停地考虑自己会给别人留下什么印象，别人会怎么看他，他们会完全沉浸在自己不舒适的感觉里。这就要训练害羞的孩子在与人交谈时，学会倾听别人的说话，观察别人的表情，体会别人的情感，等等。总之，让孩子在交往过程中将注意的焦点从“自我”转移到“他人”，或者是“事情”上。

在人际交往中，消除紧张情绪也是很重要的，通过改变人的身体动作，可以改变人的感受。

第五，给孩子提供交往的机会。多开展“家庭社交”活动，让家庭成为孩子的社交场所。可以采用“结对子”的方式，鼓励和发动几个同学组成一个小组，经常邀请害羞的孩子参加活动。在孩子没有准备的情况下，不宜强迫孩子，否则只会加重孩子的害羞与畏缩心理。

孩子为什么会恐惧

赵莉胆子小是全班出了名的：不敢坐游乐场里的观景车，不敢晚上出门，不敢一个人待在屋子里，不敢在体育课上做前滚翻，不敢……有一天，一直和奶奶同屋睡觉的赵莉，突然在夜里跑到了爸爸妈妈的房间，原来，奶奶那天晚上去看望生病的亲戚，没有回家，赵莉一个人睡在房间里，怎么也睡不着。虽然她把屋里所有的灯都打开了，可是她内心充满了恐惧，只好跑到爸爸妈妈的房间里，甚至说，她害怕坏人从窗外进来。爸爸妈妈极力地安慰她，可是作用都不大。因为恐惧，她好多新鲜事物都不敢尝试，错过了许多有益的机会。为此，她的父母很担心，害怕由恐惧引出懦弱、自卑，不知应该采取一些什么样的措施来完善她的性格?

赵莉的恐惧可以说是很强的不安全感，并且她的社会能力也较差。现在的 6 ~ 12 岁这个年龄段的孩子，常常对自然灾害、意外伤害或者父母去世感到恐惧，这些恐惧感受不是“无关紧要”的，这和当今社会的过多的灾难报道、家庭教育有很大关系。孩子通过各种传播媒介得到大量信息，孩子们也许比以前更多地感受到可能降临到他们身上的灾难。有些家长过分夸大外界的危险，也使孩子们心中的不安全感与日俱增。还有，在家庭教育中，由惩罚引起的恐惧，也会极大地伤害到孩子。这种恐惧会逐渐地、神不知鬼不觉地像癌细胞那样“扩散”，束缚孩子的主动性和意志力，限制他的自由，挫伤他的独立性和自信心。强烈的恐惧感永久地留在孩子心里，使他不仅在现实中，而且在想象中都会感到惊恐万分。因此，使孩子感到恐惧的外在原因，家长都要努力消除。家长的任务是帮助孩子发展一种可以自我保护的健康的心理素质，通过帮助他们解决可能遇到的较为恐惧的事件的方法，以及教给他们一些保障自己安全的措施。

为了帮助孩子战胜恐惧，父母应了解孩子害怕的是哪类事情，帮助他克服这些忧虑，要他无论何时，一感到害怕就来告诉你。让他相信，家长是可以帮助他消除这些顾虑的。为了防止孩子的心理受到冲击，要尽量平静地对待一切可能惊吓孩子的意外事件，向孩子解释说，事情并不可怕，不要吓唬孩子，要尽量满足以平静的方式提出来的合理要求。告诉孩子：“任何时候，我都会很乐意与你谈论这些问题，希望你不必为此感到担忧或羞涩。”孩子描述引起恐惧的情况时，一定要记住让他放轻松一些。你需要给他提供一些使他感到快乐的东西，如糖果或其他奖赏，并给他以不断的支持，你可以对他说：“我在这儿。这里没有什么东西会伤害你。”或让他做深呼吸和放松肌肉的运动。教给孩子一些保障自己安全的措施，是很重要的一步。当孩子因为某事仍然不能摆脱恐惧时，你可以告诉他：“当你感到害怕时，记住我教你的方法。你是可以自己战胜恐惧的。”

攀登克服恐惧的阶梯一级比一级困难。如果父母肯定孩子对目前的这一级不觉得恐惧，就必须向更高的阶梯迈进。假如在减少孩子害怕的敏感度的过程中，他在某一个特殊阶段表现出很大的恐惧与不安，那么，父母必须回到以前的阶梯上去。值得注意的是，特别强烈的长时间的恐惧，是需要耐心地采取很多步骤，经过较长时间才能克服的。有时候需要半年或更长的时候，才能改变一种根深蒂固的恐惧情绪。具体可以从以下几方面来做起：

(1) 创造一个温馨祥和的家庭气氛，让孩子自由自在地生活，并让孩子有充分发挥的余地。

(2) 端正父母教育态度，从思想上认识对孩子的溺爱、娇宠，只会造成孩子怯懦、任性的性格。父母要树立起纠正孩子怯懦性格的信心，要认识到只有教育得当，才能使年幼的孩子得到健康发展。平时，处处注意培养孩子的独立性、坚强的毅力和良好的生活习惯，鼓励孩子去做力所能及的事情，让他学会自己照顾自己。当孩子遇到困难时，不要一味包办，而要让他自己想办法解决。当然，开始时父母要予以必要的指导，使孩子慢慢学会自己处理各种事，而不能一下子就不管不问，使孩子手足无措。

(3) 可以带孩子到大自然中去，使孩子敞开胸怀，开阔眼界，还要教给孩子适当的技能，比如唱歌、绘画、手工等，使孩子坚信自己并不笨，从而增加自信心，敢于参加小伙伴的活动。

(4) 鼓励孩子与人接触交往。可以多带孩子到各种集体场合，别人对孩子表示的友好尊重，能使他感到快乐，孩子也会注意与人交往。最主要的是要孩子和同龄伙伴多接触，有意识地邀请一些小朋友到家中来，让他做小主人。平时注意帮助孩子结交新朋友。

让孩子释放心中的紧张

听张杨的妈妈说，张杨学笛子已经有一年多了，会吹不少曲子，而且吹得还挺不错。班主任张老师想：如果元旦晚会上安排他表演一个节目，活跃现场气氛，效果一定不错。但张老师在决定前，还是要先问问张杨愿不愿意。于是张老师便让同学叫张杨到他办公室里来。

“报告。”一个低低的声音传来，张老师一看，正是张杨。

“进来吧，张杨。”只见张杨涨红了脸，怯生生地走到张老师的办公桌前。

“听说你的笛子吹得很好，能不能在元旦晚会上表演一下？我们都很想听听。”张老师和蔼地对张杨说。

张杨一听，立刻满脸通红。两只手交叉着，不停地动来动去，也不敢抬头看老师一眼，慌里慌张地说：“张老师，我会吹的曲子不多，我不敢当众表演。我不想……”

“不用怕，就吹一首你最拿手的曲子，让同学们也替你高兴高兴，同时为班级争一份荣誉。你看，这多好呀！回去把这个好消息带给你的家人好吗？”张老师拍拍他的头，以示鼓励。

“我还是不表演了，我害怕。”张杨紧张得头上都冒汗了。

“怕什么呀？到时老师和你爸爸妈妈都会帮你的，回去好好练练吧。老师相信你一定会成功！”

元旦越来越近了，张杨的妈妈告诉张老师，张杨这几天显然非常紧张，夜里做梦都说不敢上台表演，不过他练得可认真了，一曲《欢乐颂》吹了不下几十遍，已经非常熟悉了，看来元旦庆祝会的表演应该不会有问题。

“下一个节目，请三年级一班的张杨同学表演笛子独奏《欢乐颂》，大家欢迎！”

报幕员的话音刚落，坐在妈妈身边的张杨一把就抓住妈妈的手，嘴里直嚷嚷：“我不上了，我害怕。”张老师和妈妈都赶紧安慰他：“不用怕，一年级小朋友都敢独自一人表演口风琴，你肯定比他们表演得好。”

总算把他劝上了台，只见他晃悠悠地走上台，原来吹得熟练的曲子还是被紧张给吓跑了调，连错了两处。不过台下的小观众还是报以热烈的掌声。可是，下了台的张杨却低声地哭了。

张杨的故事，不由得让我们想起那首歌：“我想唱歌，可是不敢唱，小声哼哼，还得东张西望。”出现这种状态，主要是由于心理过度紧张所造成的。

心理学认为，如果一个人的情绪过于紧张，就会使本来敏捷的思维变得迟钝起来，甚至会出现严重的混乱，从而大大削弱了对问题的分析、判断、处理的能力。与此同时，还会使注意力的集中和转移发生困难，往往出现不该出现的错误。也就是说，紧张可以影响我们的智慧。

我们经常会见到这样一些孩子，像上述的张杨一样，本来已经很熟悉某件事了，但就是由于过度紧张，结果影响了正常的处理能力和水平发挥。

引起孩子紧张的原因很多，对于小学生来说，主要由下面几种因素造成：

(1) 缺乏自信心

对于我们成人来说，很多时候都会因为不自信，或过分担心出现不好的结果，结果导致自己做事畏惧、紧张，不敢向前，从而使得心理机能出现混乱，失去许多展示自我的机会。孩子更是如此，尤其是一些自信心不足的孩子，一到考试就紧张得不得了，生怕自己考不好，所以每到真正考试时，总是考不出好成绩，事后却题题会做。

(2) 锻炼机会过少

经常锻炼自己绝对是一个消除紧张的好办法，如果经常上台表演，或经常在大庭广众之下发言，紧张情绪自然就被磨没了。而有些性格比较内向的孩子，平时做事都是小心翼翼，害怕犯错误，在大庭广众之下，说话的机会更少。即使老师叫他站起来回答问题，他都可能会紧张得满脸通红。由于缺少锻炼机会，一旦需要上台表演或参与其他活动时，肯定会担心表现不好，被人嘲笑等，紧张情绪就更严重了。

(3) 缺少一定的关爱

紧张常与胆小相伴，被紧张情绪困扰的孩子，往往遇事不主动，不善于表现自我。而老师在进行班级授课时，因为教学任务比较紧，也常常会忽视这些紧张的孩子，因为他们的发言会语无伦次，很浪费时间，耽误老师的正常授课，所以老师不太注意他们。而在一些集体活动中，他们同样是畏首畏尾，缩在不起眼的角落，同学也不乐于和他们相处，这就更加剧了他们在交往中的紧张心理。

而在家里呢，父母会因为孩子比较胆小，不放心他一个人做事，不给孩子锻炼的机会，即使孩子能做的事也不让他来做；或者当孩子做不好时，父母给予孩子的不是鼓励，而是批评或训斥，这就会让孩子失去主动做事的信心，觉得自己就是不行，做什么都做不好。久而久之，孩子便畏畏缩缩、胆小怕事，一旦遇到必须由他自己来做的事时，孩子就会因害怕做不好而紧张不已。

生活上的紧张是谁也无法避免的。当孩子做错了事，害怕老师或父母批评而忐忑不安时；当考试临近，面对许多功课要复习时；当遇到难题而又迫切想把它解出来时，孩子们都会产生一个共同的感觉：紧张。而当孩子处于紧张状态时，意识活动就会受到干扰，结果导致思维不清、判断失常，本来很容易达到的目的也难以实现。

那么，当孩子总是紧张时，该怎样帮助他们呢？

(1) 别吝惜你关爱的目光

心理紧张的孩子，在学校里大多都惧怕老师，不敢和老师正面接触，当然更怕做错事遭到老师的批评。于是他们常常选择沉默和逃避，不愿意跟老师进行交流，也就更谈不上师生交往融洽了。

对于这种现象，当然需要老师多给孩子们一些关爱的目光。父母也要多鼓励孩子，多给予孩子一些关爱和鼓舞的眼神，从而减轻其自身压抑，从紧张的情绪中解脱出来。

（2）让孩子多参加几个“第一次”

任何人第一次做某件事，都可能会感到紧张和不安，甚至包括那些在电影电视镜头前表演自如的演员们，也会有紧张的时候，这是很自然的事。而孩子的承受能力比较差，在第一次做某件事的时候，更容易感到紧张和焦躁。因此，我们应该鼓励孩子，不必为自己在第一次做一件事时紧张而感到羞愧，而应该勇敢地面对它，并设法克服它，教会孩子放松些，勇敢地面对困难，没有什么事是值得那么紧张的。

（3）教孩子一些克服紧张的方法

孩子遇事紧张时，做父母的也同样会陪他一起紧张，比如看到孩子在台上演出时，紧张得连话都说不清楚，你在台下也一定很着急。

怎么办呢？除了以上介绍的几种帮助孩子消除紧张的方法外，你还可以教孩子一些消除紧张情绪的小窍门，让孩子慢慢放松下来：

• 注意力转移法

比如，当孩子遇到难题解不出来时，你不妨告诉孩子先把它放一放，先不去想，休息一会儿再想或放到第二天再想。又如，孩子准备上台演出时，总是紧张得手足无措。这时，你可以引导孩子谈论或做一些别的不相干的事，使孩子不再将注意力放在演出上，紧张情绪自然就克服掉了。

- 深呼吸

当孩子遇事感到紧张时，可以和孩子一起做几次深呼吸，让情绪慢慢放松下来，缓解紧张情绪。

- 参加体育锻炼和户外活动

体育锻炼或户外运动可以加速血液循环，减轻心理压力，驱散紧张的情绪。不少孩子经常参加踢球、骑车、游泳等活动，这些活动不仅能消除孩子紧张焦躁的情绪，还锻炼了孩子在遇到突发事件时保持镇静的能力。

- 听音乐

在紧张的时候，听听舒缓轻松的音乐，可以让情绪放松下来。

◇ 调适健康心理 ◇

家长首先应该跟孩子讲清每个人都有长处和不足。 如果家长平时能做到这一点，等于是在给孩子的嫉妒心理打预防针。

害羞源于对失败的恐惧， 而“拿手戏”容易让人产生成功的体验，特殊的才能可以增强孩子的自信。父母可根据孩子的兴趣爱好来培养孩子的一些特长，同时给孩子提供一些展示特长的机会。

好父母日常家教演练

1. 你会采取何种方式培养孩子的竞争意识?

2. 如果你的孩子胆小、怯懦，你能想到哪些帮助他提升自信的方法?

3. 孩子内向、不善交际，你会采取哪些方式帮助他融入集体?

4. 你的孩子最恐惧什么？你会如何消除孩子的恐惧感?

5. 日常生活中，你会有意识地给孩子提供展现自己的机会吗?

第八章

学会放手，
让孩子自由发展

不设置樊篱，让孩子健康成长

要想让孩子健康成长，就要使他们的身心都得到均衡发展，在父母看来，抓紧孩子功课的做法是正确的，可是，父母苦恼的是：抓得松了没有效果；抓得太紧又让孩子向相反的方向发展。孩子的合理要求应该得到父母的认同和鼓励。让孩子有时间自由活动，享受生活，享受童年，这不仅可以使孩子的学习能力得到加强，也能培养孩子的良好习惯。透过我们的日常生活可以发现：孩子会全身心地投入到游戏中，无比快乐。这种快乐能帮助孩子获得愉悦、感到自己被人尊重，心灵自然能健康成长。

良好的素质离不开美满的童年，它对人健康全面的发展起着至关重要的作用。

歌德在幼年时被要求这样做：站在椅子上面对观众进行演讲。为了训练儿子的口才，歌德的父亲特意找亲朋好友充当观众。正因为如此，歌德演讲的时候声情并茂，感染力强。

歌德的外祖母更是十分疼爱这个可爱的小外孙，她不仅请人表演木偶戏，还送给歌德玩具木偶，只为让歌德高兴。自从得到木偶戏玩具以后，歌德和其他孩子就兴致勃勃地表演起了浮士德的故事，而且他们还拥有了一批小粉丝。

一段时间后，演员和小观众们都厌烦了这个节目，没错，再好看的剧接连看一个多月也会腻烦。于是，他们做了一个决定：自制、自编、自导、自演木偶剧。

歌德跟随父亲到户外玩耍时，父亲会教他唱歌谣。歌谣通俗易懂，儿童也容易接受，所以，歌德已经学会了大量的歌谣。歌德的母亲也经常讲一些有趣的故事给歌德听。她还鼓励孩子自己编故事。那些有趣的故事常常使歌德非常高兴。

在家庭的熏陶下，歌德在文学和绘画等方面都得到了很好的发展。后来，在回忆录中歌德写道："幼年的经历对创造力、表现力的发展至关重要，而且是以花很小的代价做到的，任何事都不会比这些更让人受益了。"

家庭对孩子的影响是难以预估的，其中充满了快乐和睦、温暖祥和的氛围，对孩子身心的健康发展意义深远。也就是说，良好的家庭氛围是保证孩子健康成长的必不可少的精神要素。这种家庭气氛能帮助孩子健康地成长：家庭里充满温情和爱意，家庭成员和睦尊重，家庭生活温馨和谐，长辈和蔼且通情达理，能使整个家庭沉浸在欢乐中。

父母应让孩子在家中感受到身心上的自由和精神上的愉快，充满快乐。只有在这样的家庭环境里，孩子才能健康全面地发展。切记不可以孩子小为理由，就不给他充分的私人空间。

让孩子保持率真的天性

保持孩子纯真的天性，这是培养他高尚道德情操的基础。

在这个纷繁复杂的社会里，任何人都要认准方向，防止迷失。从古至今，大多数卓有成就的成功人士都是率真为人，不会弄虚作假。孔子曰：“天命之谓性；率性之谓道；修道之谓教。”这句话的意思是说，人要以率真为禀性，才可称之为“道”，能够思考问题，以“道”为标准，称“教”。这句话十分清楚地告诉我们要真心诚意地顺着天赋的本性行事和生活，这样才能找到人生的真谛。

不知你是否体会过冬泳的快乐，有人在寒风中、在冰水中遨游。你可能会嘲笑他们，认为冬泳没有任何乐趣。冬天这么冷，谁还会出去游泳啊，这不是傻吗？但这些人却能在冬泳中找到快乐，在刺骨的冰水里轻松自如地畅游。这就如人饮水冷暖自知，他们个性鲜明，凡事喜欢率性而为。鲁迅是个大文豪，他为人率真，总是言辞犀利地讽刺看不顺眼的事，批判病态的人。也有些人认为鲁迅固然伟大，但却过于片面，用词尖酸刻薄，不过，鲁迅要是言辞委婉，那他就不是鲁迅了！

郑板桥被称为“扬州八怪”之一，他以精通诗、书、画的艺术被誉为三绝。虽然郑板桥一生坎坷，却坚守自己的态度坦然面对一切。他为了百姓见罪于官僚，他曾经因为官场失意，无法实现自己的理想和抱负，果断重返家乡，寄情于诗、书、画中，安然度过晚年。他的一生淡泊名利，坦坦荡荡。他曾说过两句话，这两句话成了流传后世的名言，即“难得糊涂”和“吃亏是福”。这两句名言中蕴含了深刻的哲理，核心思想可以概括为不计得失、心安理得，这正是他一辈子为人处世的准则。

即使有榜样在身侧，还有人会问：“究竟怎样才是率真？我要如何做到？”答案就是：向孩子学习。我们生来就有孩子们的性情，伴随着知识经验的积累而被磨平了棱角，甚至被扭曲。有时我们会想，我们还如以前一样单纯吗？我们是不是变成瞻前顾后、摇摆不定之人了？我们还拥有清澈见底的眼神吗？我们是不是已经改变了原本的初衷？人生的率真要求我们必须保持自我本色。

我国著名的漫画家丰子恺深受孩子和父母的喜爱，孩子是他作品的主人公。他教育孩子的经验非常可贵：童心很重要。《我与新儿童》中有这样一句话：“我相信一个人切不可失去童心。拥有童心就能和平幸福。我甘当老顽童，我不在乎别人说我奇怪。”丰子恺认为儿童成长为成人，就如同蛹蜕变为蝴蝶。这是一种质变。他对成年人的希望是：绝不能让孩子成为被装上翅膀的青虫，教他和蝴蝶一起在天空中飞翔；而应该让蝴蝶收敛住自己的翅膀与青虫一道爬行。

他常常哼曲以哄孩子开心；小作一幅画逗孩子欢笑；与孩子们一同玩积木，搭汽车、码房子；与孩子一起观察蚂蚁搬家；还和孩子一起阅读儿童读物，一起讨论，一起游戏…… 这些教育方法取得的教育效果都很好。

在日常生活中，父母可以给孩子读些生动活泼的读物，它能生动地反映出孩子的情趣等秘密，从而使孩子健康成长。多读儿童读物，可以让孩子学会用美好善良的童心对待身边的事物，善良淳朴将伴随孩子一生。

该放手时就放手

《爱的艺术》一书中提到："父母的真爱表现在放手上，在让孩子感受家庭温馨的同时，培养孩子独立自立的能力，使他们拥有主见，对孩子，更多的应采取以理服人的方法，而不能靠宠或训来调教。"

有人曾在某小学对学生做了一项调查：有了困难该如何？选择寻求父母和老师帮助的孩子，竟高达97%。中国孩子的致命弱点在于自主性差，依赖性强。这种现象是因为父母总为孩子安排好一切，使得孩子们丧失了自己动手实践的机会。

想要改变这种现状，就要还给孩子处理事情的权力，教会他们自己解决。在孩子遇到困难时，父母不要凡事都简单地给孩子答复，应让他们有机会自己去处理那些让他们感到麻烦的事情。

明明把足球踢到了树上，明明找到爸爸小王帮忙把球弄下来。

小王看起来十分为难，他说："树太高了，我够不到，怎么办？”听到这里，明明的眼睛开始转动。

明明灵光一闪，说：“我们可不可以晃动树让球掉下来？”

“可是，我们应该爱护树木，不能这样做啊。”小王说。

“那么，咱们可以用一根长杆子把球捅下来。”明明说。

小王沉思片刻，说：“可是，家里没有长杆子啊？”

明明说：“欢欢家有，我们可以去欢欢家借啊。”

如今，很多孩子都生活在父母的保护伞下，一旦离开父母的怀抱，孩子就无法生存。父母的干扰使孩子失去了创造性，而且也阻碍了孩子个人能力的发展。因此，父母应该学会让孩子自己独立完成事情。这除了有利于培养孩子的独立生活能力之外，还有利于增强他们的自信心和责任感。

一位7岁孩子的母亲打电话到一家儿童教育咨询中心抱怨孩子很叛逆，母子经常为穿衣的事情起冲突。父母主动为孩子买了很多新衣服，可孩子好像并不领情，只喜欢穿其中的一套衣服。衣服脏了，她拿去洗，孩子早上起来找不着，就开始大哭大叫。明明买了那么多衣服，还这样大哭大叫是为了什么？最后得出的结论是孩子就喜欢跟她作对。当专家问孩子为什么只喜欢穿那套衣服时，孩子说只是因为那套衣服软，感觉舒适，所以才喜欢穿，就是这样简单。

自古就有衣食住行，父母也要面对孩子衣着这方面的问题。问题的关键是谁来决定孩子买什么样的衣服、穿什么样的衣服。当孩子生活还不能完全自理时，父母可以一手包办。当孩子可以自理时，父母要适当给予孩子空间，在孩子力所能及的范围内，让孩子自己去处理，不要干扰。从小事做起，慢慢地让他们自己去处理一些有难度的事情。例如，让孩子去楼下商店买馒头，自己只需远望就可以了。父母可以提议让孩子按照自己的想法整理自己的房间……孩子在做这些事的时候，难免会犯错，甚至还会惹出一些麻烦。这时，父母可以悄悄给予支持，切记不要替他完成。孩子是未来的希望，他们终将独当一面，独立地面对所有问题。父母无法陪伴孩子一生，唯一能给予孩子的就是独立解决问题的能力。不必回答孩子的每一个问题，应该引导孩子，让他们自己思考、自己动手解答问题。例如，对于在做题的孩子，虽然父母没必要手把手地指导，但可以尝试让孩子换个思路？从另一个角度来考虑这道题会不会更好？引导孩子的探究意识。

对孩子的特点抱以期待

当孩子发现和感悟生活中的点滴时，父母应该积极引导，使微小的感悟扩大成动人的闪光点，在维护其信心的同时，又能因势利导地逐渐培育他们的认知力和判断力。每个孩子都有各自不同的性格，在人面前的表现也各不相同。面对不同性格的孩子，父母更应该有耐心，了解他们的内在潜力，对孩子的特点满怀期待，做到因材施教，切记不可主观轻率地下定论，这样最容易给孩子的积极性和自信心造成伤害。

约翰先生的儿子卡特自幼就对周围充满了好奇。两三岁的卡特已经能念书写字了，并且展现出非凡的才华。许多人断言这孩子将来一定能成就一番大业。他不仅拥有骄人的天赋，而且还喜欢与人分享快乐。他这种乐观外向的性格让他的父亲感到非常不满，约翰先生经常告诫他，不要锋芒毕露，不要自以为是。

“你又高喊什么？”某天，卡特正高兴地开怀大笑时，约翰先生气愤地呵斥着。

“因为我刚刚读了一本书。”卡特激动地说。

“这很容易做到，用得着这么高兴吗？”约翰先生不以为然。

“这书很难，我能读完它，我真的感到很开心。”卡特眼巴巴地看着爸爸，似乎正在期待着父亲的表扬。

令人意外的是，约翰先生竟然发怒了，他不能忍受孩子的“兴奋”。他生气地说：“你怎么总是手舞足蹈的？读本书很厉害吗？我看你这个孩子真是骄傲自大。你还妄想得到我的表扬吗？告诉你，你永远都得不到我的表扬！”

“我怎么了？”卡特受到父亲的责骂后，委屈地说道。

“你是没错，可我告诉你，不要不停地讲话，糟糕极了。”约翰先生对孩子说，“你不要自认为是个天才，你不是。我再也不要听到你的炫耀了。你这是自欺欺人，愚蠢至极。”约翰先生愤然离去。

另一种东西取代了约翰的快乐和自信，“我是个蠢货”这种心理暗示始终埋藏在他的内心深处。

之后，卡特脸上的笑容就消失了，他变了。这个原本天赋异禀的孩子最终一事无成。

读了这个故事之后，在为小卡特感到惋惜的同时，你是否认识到了家庭教育的重要性呢？这表明，父母对有着优秀潜质的孩子要因材施教，给予更多的鼓励，切忌以父母自身的喜好对孩子的行为妄加评论、干涉；同时也不应该把自己的想法强加于孩子身上。正确的做法是引导他们发挥自己的优势。

一位表演家马上就要上场了。这时，他年轻的徒弟告诉他鞋带开了。他认真地听从，然后系好鞋带道谢。年轻人走后，他又蹲下来解开鞋带。一位旁观者不解地问："先生，您为什么又要解开自己的鞋带呢？"他笑着说："松开鞋带有利于角色扮演，能把他长途跋涉的劳累疲惫表现出来。"

"那你为什么不直接告诉他真相呢？"

表演家说："他发现我的鞋带松了，说明这个孩子很细心，告诉了我，说明他很关心我，我不能打消他这种热情。至于又解开鞋带的原因，我会另找机会告诉他。"

能够正确表达观点，这才是真正的智者所为。小孩子可能没有什么明显的特长，但这根本不重要。在父母的眼里，自己的孩子永远最棒；在孩子心中，爸妈的鼓励和赞美也是最能让他感到骄傲和自豪的。或许过去害羞的孩子今后会成为一颗恒星，或许今天优秀的孩子明天会成为一颗流星陨落。这很大程度上取决于父母的教育和引导。反之，忽视孩子身上的这些性格特点，将不利于孩子的发展。换句话说，孩子最为坦率，对未来世界充满美好的憧憬，父母切记不可剥夺孩子的求知欲。引导孩子拥有自信，激励他们去追求美好的事物，这才是正途。只有因材施教，孩子才能成长为真正的英才。

让孩子自己决定

5岁的女儿突然高烧不退，爸爸妈妈慌忙把孩子送到医院，医生在检查孩子身体的时候吃惊地发现，这孩子穿得很厚实，秋衣毛衣外面套了一件很厚的保暖衣，最外面还裹了厚厚的羽绒服，帽子、围巾、手套一样也不缺……医生检查过后，诊断孩子发热完全是因为穿得太厚。

父母总是认为孩子小，就自作主张地给孩子加减衣服。在对待其他事情上也是如此，总认为孩子还小，就剥夺了孩子自己做决定的权利。这样一来，就在不知不觉中扼杀了孩子独立思考的习惯与能力，导致孩子只知道听从父母的意见，失去独立做决定的能力。

只有拥有独立思维的孩子，才会拥有更强的主观能动性，不随波逐流。只有主动思考的孩子，才能拥有更具独创性、新颖性的思维与见解，让自己更有主见。换句话说，孩子是否能够独立思考在很大程度上决定了孩子是否可以游刃有余地生活在这个社会上。

美国人特别推崇孩子独立思考的能力。《孩子说出的出人意料的东西》是黑人笑星比尔主持的一档电视节目。

一天，比尔问一个7岁的女孩："你长大后的理想是什么？"女孩说："我要当总统！"全场观众很吃惊。比尔又问："那你觉得为什么美国从来没有过女总统呢？"女孩说："因为男人都没有投票选她。"这句话逗笑了全场的人。比尔又问："你肯定是这个原因吗？"女孩肯定地点了点头。

比尔笑了笑，问观众："愿意给这个小女孩投票的人把手举起来！"随着笑声，一些男人举起了手。比尔说："有很多男人给你投票啊！"女孩说："三分之一都不到！"

比尔想换一个方式拉选票："请所有在场的男士都把手举起来"。大家都把手举起来了。比尔接着说："请不投票的男士把手放下。"比尔这招取得了不错的效果，很多已经举起手的人不好意思再把手放下。于是，她得到的票数比之前多了一倍。

比尔说："小姑娘，这下你满意了吗？"女孩笑了："他们心里是不愿意投票的。"全场一片寂静，接着响起一片掌声。

美式独立思考的魅力就在于此。"I can do it."——"我能行。"是美国孩子经常说的一句话，能这样说就表现了孩子的自信，孩子也会比较主动地做事情。如果一个孩子不能独立思考，就不能学会独立，很小的挫折和变化都会让他无所适从，很难适应新的环境。对于孩子来说，具备独立思考的能力、严谨的思维可以增加自己独特的魅力，这样的孩子更容易得到大家的欢迎。

父母可以在孩子遇到问题的时候给孩子一些建议，可是解决问题应该由孩子自己进行，重要的不是答案，而是让孩子具备独立的思考能力。

小路4岁的时候，爸妈定制了一个大鱼缸放在家门口。

一天午后，当太阳斜照的时候，小路很高兴地走向鱼缸。忽然，小路看到了一条彩虹倒映在地上，她兴奋地对妈妈说："妈妈，那很亮！"

小路的意思是："这种现象是怎么发生的呢？"妈妈也很好奇地问："真的是，不知道是从哪里来的呢？"

小路思考了半天，说："是太阳公公照的！"

妈妈问小路是怎么知道的。

小路说："太阳照在水面上，然后又照在了地上的结果呗。"虽然小路不知道反射的原理，但是小路通过思考，充分调动了大脑，这能够增强她日后的学习能力。

每个孩子都爱好科学，对周围的世界有一种直觉的渴望。父母不需要教给孩子过多的术语，只要在孩子有疑问的时候和他一起探究就可以了。父母不要低估孩子的能力，其实孩子是很爱思考的，她们的小脑瓜中经常会冒出许多问题。

这样的现象在生活中并不少见：孩子在小学的成绩往往比中学的时候好。相反，有些孩子小学成绩不好，在进入中学之后成绩却有了很大的提高。这是为什么呢？

父母觉得孩子成绩的下降很奇怪。“孩子为什么突然落后这么多？”原因主要是小学的功课比较简单，只要用功便可以取得好成绩。中学课程的难度比小学大，更需要孩子自己的独立思考，这时孩子便只能靠自己的意志学习，父母也就无法掌控孩子的成绩了。

学习中的一切问题不能都靠死记硬背来解决，功课需要孩子自己思考。但是孩子对所学的东西不感兴趣就不喜欢动脑子，因而很难听懂老师讲的内容，做作业就更不用说了。相反，假如孩子的求知欲较强，就会自己寻找问题的答案。

满足孩子的求知欲，能够让孩子独立思考的能力得到提升。所以父母要让孩子养成独立思考的能力，给孩子提供一些独立思考的机会。

有些孩子总喜欢问父母问题，孩子的好奇心就表现在这里，有些父母时常会对孩子的问题有不耐烦的表现，没有认真地对待孩子的问题。而那些明智的父母则会利用孩子的求知欲和好奇心，发掘孩子独立思考的潜能。

在目前的家庭教育中，孩子的好奇心很容易就被父母在无意中扼杀了，孩子的创造性思维的形成也会直接受到影响。因此，当孩子提出各种问题的时候，在孩子独立思考的基础上，父母要对孩子的行为表示肯定。这一方面可以满足孩子的求知欲，另一方面也可以激发孩子的求知欲。

假如孩子提出的问题很难，甚至父母也不知道应当如何解答，在这种情况下，要诚实地对孩子说：“你这个问题问得很好，但是我也不清楚，等我查完资料知道答案后再告诉你吧。”

好父母日常家教演练

1. 在日常生活中，你会关注孩子的兴趣并和他一起游戏吗？

2. 在孩子遇到困难的时候，你是直接帮他解决问题还是会引导他如何解决问题？

3. 你能发现孩子身上的特点吗？你会采取何种方式让孩子发挥他的特点？

4. 对于生活中孩子能自己决定的事情，你会放手让孩子做主吗？

5. 你会运用哪些方法来拓展孩子的独立思考能力？